国際協力を歩く、フィールドの声を聴く

「途上国」から問う教育のかたち

小川未空・杉田映理・澤村信英 編著

左右社

まえがき

本書の出版は、大阪大学大学院人間科学研究科の澤村信英教授が定年退職されることを機に企画された。澤村先生は、国際協力事業団（現 国際協力機構：ＪＩＣＡ）へ約10年間勤務ののち、研究者に転身され、ケニアを主な対象としたアフリカの教育研究を進められてきた。その特徴は、フィールドを自らの足で歩き、人びととの対話のなかから、国際協力という事象を質的に解き明かしていく作業を丹念に行ってきた点にある。その先駆的なアプローチは、人類学などの近接分野の研究者らとの対話も積み重ねながら研究成果へと結実している。

本書を分担執筆する著者らは、大阪大学大学院人間科学研究科の国際協力学（International Collaboration and Development Studies）ゼミに、学生として、あるいは研究員／教員として在籍した経験を持つ。澤村先生のもとで博士論文を執筆した卒業生は、調査の対象国や研究関心は様々であるものの、共通してフィールドの声を聴く質的なアプローチを重視し、フィールドに暮らす人びとの生活世界から教育にかかわる現象を記述することを大切にしてきた。本書は、国際教育協力分野において着実に蓄積されつつあるこれらの研究成果を、ひとつの書籍としてまとめたものである。

本書で事例として取り上げる国／地域は、ケニア、南アフリカ、ウガンダ、マラウイ、マダガスカルなどのアフリカ諸国、南太平洋の島国であるヴァヌアツのほか、マレーシアに暮らすロヒンギャなどの難民や、ヨルダンに暮らすシリア難民、南スーダン難民を受け入れるウガンダ、中国に留学したガーナ人など、国境を越えた移動と、それに伴う教育の様々なかたちについても議論している。これらの地域は、本書の主題にある「途上国」という言葉のように、国民総所得（GNI）や国内総生産（GDP）などの経済指標に基づき、「発展途上」や「低所得」と分類され、国際協力の「受け手」という眼差しでみられてきた。本書では、「途上国」ゆえに受ける「国際協力」という介入の影響下にある教育事象に焦点を当て、教育という制度や学びの場が創造される過程や、人びとの教育に対する認識を探っている。そこからみえてくることは、同時代に生きる異なる国／地域の人びとが、どのようにより良い教育を模索しているのかということであり、その「かたち」がいかに多様であるか、ということである。

本書の第一部は、「教育の機会をまもる」と題し、国際協力の現場において「被援助者」と認識される人びとが、いかに自らの手で教育の機会を創出する担い手となっているかに焦点を当て、その自律と意志から紐解く3つの章を収録している。第一章（澤村）では、ケニアのスラムに暮らす教員の視点から、第二章（金子（藤本））では、マレーシアに暮らす難民の教員の視点から、第三章（坂口）では、南アフリカの積極的差別是正措置に対して否定的な立場をとる校長の視点から、外部からの支援や援助に依存せず、むしろその在り方を問い直すような問題提起が発せられる。

第二部は、「教育政策にゆらぐ」とまとめ、開発や教育にかかわる国家の政策が、教育の現場においてどのように受容されているのかに焦点を当て、政策によって翻弄されながらも自立しようとする教員や学習者の姿を、それぞれの事例から丁寧に掘り下げる作業を行っている。第四章（ガラーウィンジ山本）では、ヨルダンの公教育におけるシリア難民の統合政策、第五章（坂上）では、世界に類をみないほど寛容なウガンダの難民政策を事例に、政策の受け手となる現場の教員や学校関係者、そして学校に通う児童・生徒とその家族の観点から、国家政策の影響が詳述される。第六章（川口）は、マラウイの教員政策の変遷に翻弄される教員、第七章（杉田）は、学校での月経対処に関する課題を担当するウガンダの女性教員に焦点を当て、国際的な援助や開発目標が現地に適用されるときの現場の課題を、その社会固有の背景と対比させながら浮き彫りにしている。

第三部は、「生活の文脈からえらぶ」とし、就学にかかわる選択が、学習者やその家族の生活の文脈にどのように規定されているかに着目した。第八章（小川）は、ケニアの女子学生による中等教育から高等教育への移行、第九章（羅）は、中国の大学へ留学したガーナ人の卒業生による大学から仕事への移行に焦点を当て、学習者がいかに身近な人との関係のなかで自身の進路を選択しているのかを明らかにしている。第十章（ラスルナイヴ・アンドリアリニアイナ）では、マダガスカルを事例に、保護者が学校に期待する学習成果についての考察が深められ、第十一章（白川）では、そのマダガスカルでの事例と、ヴァヌアツの事例を比較することで、学歴に対する認識や学校教育への意味づけが、生業観に左右されているのではないかと提起している。就学率そのものは、世界各国で上昇しているが、その上昇を表す数字の向こう側にある学習者の生活に目を向け、その生活の視点から学校での学びを継続するか否かが選択されていることを明らかにしているといえる。

本書では、国際的な開発目標や各国の教育政策によって大筋を規定されてきた学校教育制度をいまいちど問い直し、より良い教育とはいかにして実現可能なのか、また、学校教育を受けたことが人びとにとってどのような意味を持つのか、ということについて、学習者およびその家族、また教育の担い手である教員や学校経営者の視点から掘り下げる作業を行った。いずれの章においても、対象の地域社会固有の文脈性の解釈に努めることを重視し、国際協力の現場において「被援助者」とされてきた当事者のもつしなやかな強さに焦点を当てている。本書を通して、国際協力という実践が自明のものとなった現代、学校教育という制度を外部から持ち込まれる経験をしてきた現在の「途上国」に生きる人びとの視点を借りて、教育という事象を問い直していきたい。読者の皆さまからの忌憚のないご意見、ご批判を受け、国際教育協力における質的研究のさらなる興隆となれば、本書の出版の目的を果たせると思う。

さいごに、本書が大阪大学での国際協力学ゼミに関係する著者らによってひとつの書籍としてまとまり、出版される機会に恵まれましたことを、関係の皆さまに心より感謝申し上げます。同じゼミで共に学んだ執筆者の方々が、卒業後に研究の視点や対象を変えながらも、根底にある問題意識にたゆまず取り組んでこられた研究成果が凝縮された本書に出会えたことを嬉しく思います。編者の大役を担わせていただきました私自身が、澤村先生のご指導の影響を強く受け、その研究のバトンを受け取らせていただいた一人ですが、本書が、質的研究を志す人たちへの新たなバトンとなれば幸いです。

小川未空

「途上国」から問う教育のかたち　目次

「途上国」から問う教育のかたち――目次

第一部

教育の機会をまもる

第一章

ケニアのスラムにある低学費私立学校の運営と教師の生活

厳しい環境の中で学校が存続する理由

澤村信英

はじめに

本章では、ケニアの首都ナイロビのスラムに暮らす人々により運営される私立学校の実情を探索し、厳しい環境の中で働く教師の生活を通して、このような学校が持続的に維持される理由とその背景を明らかにしたい。スラムを対象とするのは、都市部の公教育がこのような低学費の私立学校に支えられているからである（例えば、澤村 2020、2023b）。これらの学校は、政府による財政的な支援を受けることなく、そこに住む人々が自主的に設立したものが多い。

ナイロビの場合、人口の50～60％以上が地域面積のわずか5％に過ぎないスラム地区に集住している（UN-Habitat 2007）。ナイロビには10か所のスラムがあり、本章で取り上げるキベラ・スラムは、ナイロビの中心街から西に約5 kmの距離にあり、東西4 km、南北1.5 kmほどの地域である（写真1）。人口は約25万人と推定され、アフリカ最大規模のスラムである（UN-Habitat 2007）。教

写真1　錆びたトタン屋根の家屋が延々と連なるスラム／筆者撮影（2023年3月）

育施設に関しては、その数の多さから、概して通学者にとってアクセスが良く（UN-Habitat 2020）、学校への就学の程度については、スラム地区も一般住宅地も大差がない（Bird et al. 2017）。この背景には、本章で取り上げる低学費私立学校の存在がある。

ケニアの教育に関する研究は数多くあるが、それでも教師に関わる研究の大半は、教室内での指導方法や教員研修を対象としたもので、教師の授業以外の行動が記述されることはほとんどなかった。しかし、低学費私立学校の運営実態を検討するためには、教師の学校内外での行動に着目しなければ、問題の本質に接近することができない。したがって、まず学校や教室、地域で日々起こっているミクロな事象を描写し、それらを踏まえて、ケニア全体が抱える教育課題の一側面に迫ることとしたい。

1 低学費私立学校と教育改革の進行

1.1 スラムという都市の空間

スラムに暮らす人々は、世界の都市人口の24・2％（2020年）に相当すると推定されている（UN-Habitat 2022）。なかでも、サブサハラ・アフリカ地域のその割合は、50・2％（同年）であり、2000年の64・1％に比べると減少しているものの、スラムに住む人口は1億3000万人（2000年）から2億3000万人（2020年）へと増加している。ケニアに関しては、ほぼこのサブサハラ・アフリカの平均値と同じ傾向を示しており、スラムに暮らす都市人口の割合は50・8％（2020年）、その人口は761万人である（UN-Habitat 2022）。

スラムに関する報告には、貧困などの問題を指摘されることが多いが、UN-Habitat（2007）の記述はそのニュアンスが少し異なる。この第1のポイントは、スラムは経済開発における市場の失敗ではなく成功であり、低価格の住宅を貧困層に提供し経済的に有効であると指摘していることである。また、規模が大きく古いスラムほど、人々の経済的幸福度が向上し、インフラ・サービスが充実しているとする研究もある（Li et al. 2023）。

1.2 低学費私立学校という非政府アクターの存在

低学費の私立学校は、インド、ガーナ、ナイジェリアなど多くの発展途上国にあり、数多くの先行研究が存在する（例えば、Tooley & Dixon 2005; Srivastava ed. 2013）。一連の研究で明らかになったことは、これらの学校は初等教育の普遍化を達成するために重要な役割を果たしており、質の悪い教育を貧困層に対して提供しているわけではないことである。学齢期の子どもの完全就学を達成するためには、政府の取り組みだけでは不十分で、非政府アクターの力が不可欠になる（UNESCO 2021）。

ナイロビのスラムでの研究において、低学費私立学校生徒と公立学校生徒の成績を比較したところ、スラムにある私立学校だから子どもの成績が悪いというわけではない（Dixon et al. 2013）。この事実とも関連するが、公立の初等学校が無償化（2003年）された後も、保護者は無認可であっても私立学校を積極的に選択する動きがあった（Oketch et al. 2012）。学校設立の母体は、キベラ地区（スラム地区以外の住宅地も含む）の教育施設においては、その60～70％が個人による経営とされており、さらに10～20％がコミュニティグループであり、外部からの支援が予想されるNGOは10％程度である（UN-Habitat 2020）。

1.3 教育改革の実施と新カリキュラムの導入

2017年からケニアで進行中の教育改革は、教育制度とカリキュラムの両方を同時に変更するものである。教育制度面での改革は、1984年に導入された8-4-4制（初等8年、中等4年、大学4年）から2-6-3-3-3制（初等前2年、初等6年、前期中等3年、後期中等3年、大学3年以上）に変更される。もう一方のカリキュラム改革は、従来の知識偏重、試験中心であった教育の反省から、学習者中心、活動に基礎を置いたコンピテンシーに基づくカリキュラム（Competency-Based Curriculum: CBC）の導入に特徴づけられる。この目的は、ケニアの教育を「世界標準」に合わせることである（KICD 2017）。

教育制度が変更され、2023年に7年生が初めて前期中等学校（Junior Secondary School: JSS）へ入学する段階となり混乱も起こっている（澤村 2023a）。JSS用に十分な建物が新設されるわけでもなく、初等学校に併設されているので、多くの子どもは同じ敷地内にあるJSSに「進学」するだけで、教える教師もあまり変わらない。違うことと言えば、形式上、学校が変わるので、入学金を徴収されることである（2024年よりJSSは「ジュニア・スクール」となり、1年から9年までを1つの教育機関として「コンプリヘンシブ・スクール」と称されている）。その結果、多くの学校は拝金主義になったように見える。それは、より多くの生徒を入学させれば、入学金（各学校が自由に設定でき5000〜1万シリング程度）に加え、初等学校に比べて6倍以上の人頭補助金（生徒一人当たり1万5043シリング／年）が得られるからである（1ドル≒130シリング）。日雇い労働者の日給が

400～500シリングと言われており、この入学金と必要経費が払えない家庭が少なくないことは容易に想像がつく。

2 研究の方法

本研究の主な対象は、キベラ・スラムで運営される低学費私立学校およびそこで働く教師であり、教師もまたスラムの住人である。本研究において対象とする学校は、スラムにある私立学校A校である。同校には、旧制度のもとの初等学校および中等学校があるが、本研究においては旧制度および新制度下の初等学校を対象とする。また、政府雇用の教師と比較するために、公立学校2校（ナイロビ郡のB校およびカジアド郡のC校）においても調査を行った。

本研究は、2022年6月、2023年3月および2023年9月に実施した現地調査に加え、2023年5月から始めたA校校長（40歳、男性）との電子メールでの「日報」のやり取りなどから得たデータをもとにしている。この日報は、その日の起床から就寝まで、学校の内外での行動、観察したことや感じたことを本人の目線から500～1000ワードで記述、報告してもらうものである。これにより、現地調査期間中だけではなく、毎日、学校の様子や教師の活動を把握することが可能となり、教師の生活に寄り添った分析を行うことができる。調査の方法は、この日報および現地調査時の教師に対する半構造化インタビューを基本としつつ、2022年の調査時には、生徒（7、8年生）と教師を対象とした質問紙調査も実施した。

スラム内にあるA校（教師6人）は、2023年の時点では生徒数60〜70人で比較的安定していた。2024年1月の新学年になり、一時的な減少はあったものの2月以降、転入を希望する保護者が増え、9月には100人近くに増加した。この学校と比較するために対象としたB校は、ナイロビ市街地にある大規模校であり、生徒数は814人（教師17人：2022年6月時点）である。もう一方のC校は、ナイロビに隣接するカジアド郡の新興住宅地にあり、年々生徒数が増え、476人（教師12人：同時点）の中規模校である。

3 調査結果——教師の語りと日々の報告からわかること

3.1 学校の財政とその運営

A校の場合、経営者（60歳、男性）がその一帯の土地を所有し、NGOから大きな支援を受けていた時期もあり、自前の建物を使って本校を運営している。そのため、家賃を支払う必要がなく、財政的にはかなり恵まれている。学校の収入は、NGOなどからの時々の寄付を除けば、保護者の支払う授業料がすべてである。したがって、安定した授業料収入を得ることが学校の財政にとって重要になるが、その徴収は容易ではない。公立学校のB校やC校は、政府より人頭補助金が交付されるので、そのような心配もない。

例えば、2023年の2学期第1週目（5月）に授業料（月額500シリング）を支払った生徒は、

67人中、わずか5人だけだったという。教師は家庭の経済状況をよく把握しており、A校では支払わない場合も授業を受けさせないようなことはない。学校側の対応としては、個々の経済状況によって、払えるだけ払ってもらうことを基本としており、全額支払う生徒は2割ほどである。家庭の経済力によって、出せるだけ出すというのは、ケニアのハランベー（スワヒリ語で「力を合わせて押す」の意）の常道であるので、関係者にとっても違和感はないのであろう。

午前中の休憩時に提供されるポリッジ（ウジと呼ばれる栄養価のあるお粥）と昼の給食は、子どもにとって貴重なエネルギー源であり、学校の運営においても、優先的に支出される費用である。大半の生徒は、朝食に何も取っていない。したがって、学校での食事が一日のすべての食事という場合もある。学校の収入は、常に不足しているので、昼食は副食なしの塩味を付けた白米だけということが多い。授業料を払わずに食事をする生徒もいるが、厳しく対応することはなく、最貧困層の子どもに対する同情と理解がある。

3.2 試験を重視する授業と校長の仕事

右記の食事に加えて学校が重視するのは、試験の実施である。生徒はアスリート的で、お互いに競争し、教師に賞賛されることで学習成果を定着させているようにも見える。そのため、試験はアスリートにとっての競技会のような役割があり、公正な判定の方法でもある。新カリキュラムでは、試験の成績で子どもを選別することを行わないが、A校では毎学期、中間試験と期末試験を行うことが通例となっている。学習と試験は表裏一体であり、試験を受けることが生徒であることの証と考えているようなところさえある。このような学校文化は、私立・公立にかかわらずケニアの学校で広く実践されており、B校やC校もほぼ同様である。

校長には様々な仕事がある。特に新カリキュラムになり、その負担は増大したという。旧カリキュラムでは、政府との関係では8年時に受験するケニア初等教育修了資格（Kenya Certificate of Primary Education: KCPE）の登録だけだったものが、新カリキュラムでは平常点評価が導入され、6年時に受けるケニア初等学校教育アセスメント（Kenya Primary School Education Assessment: KPSEA）だけでなく、3年から6年の学年末の評価を4段階で行い、それをケニア国家試験カウンシル（Kenya National Examination Council: KNEC）のポータルサイトに登録する必要がある。この学年末のアセスメントは、KNECのサイトから問題をダウンロードするが、印刷した問題を安価で販売している業者が市中にある。

3.3 外部からの支援と課外活動

スラムに学校が位置する利点は、NGOなどの組織が活動しており、その支援を受ける機会があることである。NGOにとっては、首都ナイロビという地の利があり、その貧困層の人口密度からしても、スラムは非常に効率的に支援ができる場所である。A校では、少なくとも6つのNGOがさまざまな課外活動を展開している。例えば、マジックショーやゲーム、アート教室など、子どもを楽しませるイベント企画が多い。アクロバットを教えるようなNGOもある。組織的な活動だけではなく、HIV・エイズの啓発を行う自営の役者も来ていた。

物的な支援などとしては、ペンやチョーク、定規などの文房具類の寄付があるほか、女子生徒に対する啓発活動を行い、ミーティング後に生理用品を配るNGOもある。生徒10人ほどの授業料を負担する形での支援も行われるが、これは学校の収入になり、使途も決められていないので最も歓迎されるようである。

このようなNGOの活動であるが、支援を受ける側から見たA校校長などの見方は概して厳しく、決して善意だけで行われているとは考えていない。例えば、NGOは自らのミッションを完遂するために来ているとか、裨益者にはわずかな金しか渡さず、支援を受け取った人数を水増ししている、自分たちの給与にしている、といった反応である。スラムに住む人々は、表面上は感謝しつつ、支援者に対しては冷めた見方をしている。

3.4 教員の雇用と給与の支払い

学校の財政で一番大きな割合を占めるのが教員への給与の支払いである。定期的に給与を支払えないので、教師を定着させることは非常に難しいという。条件の良い職場が見つかれば、すぐやめてしまう。ただ一方で、新たに教師になることを希望する者もいるので、慢性的な教師不足には陥らない。働いた期間の給与の不払いをクレームする者はなく、そのような人々のレジリエンスの高さには感心する。悪条件にもかかわらず、教師になりたいと応募する者がいる理由は、当人には教員資格がなく、教師として「不完全」だからでもある。このような学校と無資格教員は互恵関係にあるようにも思える（長野２０２３）。

そもそも、安定した給与が保証されている仕事は、ケニアではごく限られているので、過度な期待もない。わずかな生活給も受け取れないため、教師の不満は大きいが、授業料が集まらない現実も理解している。給与が支払われるのは不定期で、ある程度集まった授業料を校長が皆に平等に分配するという具合である。その金額は、１０００シリング、２０００シリングという単位で、まさに「その日暮らし」の学校運営である。しかし、それでも学校は破産することなく存続しているのである。

3.5 新カリキュラムでの授業の実施

新カリキュラムであるＣＢＣについて教師に尋ねると、様々な返事が返ってくる。フォーマルな形でＡ校校長に尋ねると肯定的な返事がある。例えば、生徒間の点数による競争が軽減され、多くの生徒は自主的に物事に取り組むようになった、というものである。一方で、旧カリキュラムの生徒は休暇中も学校へ来て勉強していたが、新カリキュラムの生徒はそうではなくなったという。教師側からすると、教科数と実習が増えたことにより、仕事量が増大した、というのが大方の見方である。

教科書については、新カリキュラムの導入に伴い一新され、公立学校に対しては無償配布されるようになり、B校やC校では教科書があふれている。その一方で、私立学校に対しては、政府からのそのような支援はないので、格差が生じている。また、CBCの基本は、活動を基礎とすることである。そのために、生徒が準備しなければならない物が少なくない。例えば、音楽の授業で使うリコーダーである。価格的には最も安価なもので300シリング程度であるが、それを購入できたのは、A校においては3割程度の生徒だけで、半数以上は授業中見ているだけであったようである。

かつての授業のスタイルは、教師

写真2　飲料のボトルを片手に容量の概念を教える教師／筆者撮影（2023年9月）

中心で暗記と反復を繰り返していると批判されていたが、CBCに変更になっても、このスタイルは基本的に変わっていない。ケニアの試験対策としては効果的であったともいえる。年齢や学習速度が違う様々な背景をもつ生徒がいるなか、実物を利用しながら、すべての生徒を教師に注目させ、リズミカルに授業を展開させている（写真2）。勉強のできる生徒と、そうでない時間がかかる子どもを一緒に教えるのは難しいと話しながらも、取り残された、放って置かれた、と感じられないように注意しているという。

3.6 教師の生活と保護者対応

教師であることの誇りとやりがいが、働くモチベーションになっている。他の

写真3　職員室で採点や談笑をする教師ら同僚／筆者撮影（2023年3月）

教師との人間関係も重要で、協力し合うことを重視し、その関係性は学校外の日常生活にも及ぶ（写真3）。子どもを見て、彼らが必要としているものを提供できることが、学校での働き甲斐でもあると話す。子どもは何も言えないから、だから必要なサポートをする必要があるともいう。教師の幸せは、子どもの生活が変わることを見るときであるとも質問紙に書かれていた。学校の存在から裨益するのは、子どもだけではなく、教師も同じである（山本 2015）。このような教師と生徒の強い関係性は、特に市街地にあるB校のような大規模な公立学校では非常に希薄である。

授業をするだけが教師の役割ではない。子どもの家庭の問題に対処することも多い。特にA校は、教師も生徒も同じスラムで暮らし、生活圏を共有している。だから、お互いの距離感が非常に近い。驚くほど頻繁に保護者らから校長に相談の電話がかかってくる。例えば、6年生女子の異性交遊、5年生男子が継母から受ける虐待など、いろいろなケースがある。家庭では、ケンカが絶えなかったり、親がアルコール依存症であったり、生徒はよく「家庭には平和がない」という。

余暇時間は、教師によりそれぞれであるが、A校校長は、散髪屋で新聞を読みながら友人と政治の話をしたり、あるいはボードゲームが路上で行われているのを見たり、情報交換もでき、楽しそうである。しかし、日報を通じて毎日の生活を知ると、実に多くの働き盛りの友人が亡くなっていることもわかった。したがって葬式も多く、出身地に埋葬するので費用もかかり、その都度、寄付が集められる。

4 考察——スラムの学校が持続的に維持されるわけ

4.1 人々の相互依存と連帯意識

人間同士が相互依存することについては、ケニアの子どもたちは学校の教科の中で学んでいる。初等学校4年生社会のシラバスには「人と人口（People and Population）」の章があり、「人々の相互依存（Interdependence of People）」に関して、「お互いに依存し合うことで、人生はより楽に、そして楽しくなる」と書かれている。さらに、相互依存の利点として、「人々の間に愛と結束を促進する」ことを第一に掲げている。そして、「相互依存を通して、人々は自分だけではできないことができるようになる」「自分自身が持っていないものを得ることができる」ことを学ぶことが規定されている。

次に、イギリスのチャリティ団体が毎年行っている、人助け、寄付、ボランティアに関する「世界寄付指数（World Giving Index）」によれば、ケニアのランキングは非常に高い（例えば、2022年第2位、2023年第3位）。この指数と実態としての人助けがどれほど正確に整合しているかは別にして、ケニアの寄付指数／人助け指数は、国際的に最上位にランクされているのは興味深いところである。

このような他者との相互依存をアフリカの文脈で解釈するためには、フランシス・ニャムンジョ（Francis Nyamnjoh）の「コンヴィヴィアリティ（conviviality）」の概念が役に立つ。このコンヴィヴィアリティは「共生的実践」とも訳されているように、ニャムンジョによれば、相互に依存し合い、集団として行動することにより、人々は自分たちの利益だけを追求するのではなく、コンヴィヴィアリティを重視するようになるという（ニャムンジョ 2016）。そして、教師間の連帯意識が強いことで（澤村 2015）、集団として行動することが可能となり、コミュニティの利益を優先するようになるのであろう。ただし、「人々」の相互依存や連帯意識は、それぞれが属する民族内を中心に発揮される傾向はあるように見える。

4.2 「その日暮らし」の学校運営と子どもの包摂

スラムにあるA校の場合、学校の運営において一番の問題は、保護者が授業料を決められた時期に決められた額を支払わないことである。したがって、計画も立てられないし、教師に支払う給与も滞ることになる。授業料が一定額集まれば、その都度、教師で等分している。そのため教師の離職率も高いが、新たに勤務を希望する者も現れるので、わずかな人件費でうまく回転しているともいえる。

ここで特に強調したいのは、このようないい意味での「その日暮らし」の学校運営と教師の生活があるからこそ、授業料の納入に柔軟で、貧困層にある子どもたちの就学が保障されることである。その背景には、先に述べた、相互依存や連帯意識があり、それが最貧困層に対する配慮につながっている。もし、すべての学校の教育の質（特に教員の学歴や施設の整備度合い）が高くなれば、維持管理に莫大な費用が発生し、貧困層にある子どもは費用負担ができず、排除されてしまう。教育の質で重要なことは、個々の子どもにとっての質であり、学校全体として見た教育の質ではない。

都市部に安価な住宅が提供されるスラムがあることは、先にUN-Habitatの文書が陳述するとおり、必要なサービスを貧困層にある人々に提供するには便利な部分がある。人々が集住しているからこそ、効率的にサービスを提供することが可能となり、低学費で子どもの就学が一定程度保障されているとも考えられる。保護者の学校に対する期待は大きく、「教育が成功のための唯一の鍵」と広く認識されている。また、学校は学習の場所であるだけではなく、子どもにとって安全安心な場所でもある。

4.3 学校運営と教師のボランティア的特性

学校運営において大きな役割を果たすのが教師である。財政的には、教師の人件費が最も大きな支出でもある。その際、労働の対価としての賃金に対する期待が比較的少なく、子どもの成長のために貢献したい、その夢の実現に向けて必要な支援ができることが教師の働くモチベーションになっている。これは、生徒との心理的な距離感がある、あるいは生活する環境の違う公立学校の教師とは異なる点である。目前にいる生徒の保護者が支払う授業料から給与を受け取っているということもあろうが、やりがいが優先しているように見える。

このような教師に共通する点は、そのボランティア的な特性である。内海（2014）によれば、ボランティアとしての必要条件は、自発性、非営利性、公共性の3つがあり、さらに創造性、先駆性、相互性があるといわれている。A校の教師は、生徒と同じスラム内で暮らし、働くモチベーションなどについてインタビューすると、公立のB校やC校の教師とは異なり、その理由がこのボランティアの条件に酷似しているのである（澤村2016）。

これら6つの条件を順に確認していくと、まず自らの意志で子どものために働きたいと教師になることを選んでいる［自発性］。労働の対価には見合わない、わずかな給与しか受け取っていない［非営利性］。子どものことを心配する教師が圧倒的に多く、社会のために役立ちたいという使命感がある［公共性］。各教師は教え方に創意工夫があり、効果的な指導を行うために苦心している［創造性］。経営者や校長は、外部からの支援に頼ることなく、主導的な役割を果たし、自立的に学校を運営している［先駆性］。そして、教師が子どもから学ぶことも多いと話し、子どもの役に立つことが教師の働くモチベーションにもなっている［相互性］。困難な社会環境において、質の高い教育を提供できる背景には、このようなボランティア的な特性を有する教師の存在がある。

おわりに

本章を執筆したいと思った動機は、第一にスラムの学校で献身的に働く教師の姿を知ってほしいと考えたからである。教師の日々の生活感をもって、学校の活動やそこで働く教師の姿を活写したかった。ケニアの中高所得層の知人にスラムに暮らす人々の話をすると、驚くほど何も知らない。こういう筆者も、スラムの学校が外部からの援助に頼らず、これほど自立的に運営されているとは、2015年に調査を始めるまで思ってもみなかった。ただし、インタビュー結果などが、やや美談になっている部分があることは否定できない。

調査方法の一つであるA校校長との毎日のやりとりは、日々、ケニアの学校や社会の状況を知れる機会となり、本研究を行うにあたっての筆者の立ち位置にも反映されている。今日のように、貧困層にある人々もスマートフォンを持ち、インターネットにアクセスできるようになったから可能となった方法でもあるし、現地に信頼できるパートナーがいないとできないことでもある。学校や教師の日々の生活に日本に居ながらにして毎日触れることができ、教師の視点から様々な事象が明らかになり、新たな事実に気づくことができる点は、この調査法の利点であると思う。

本研究においては、スラム内の学校1校だけを観察しているので、この学校を相対化することには限界がある。A校以外に筆者が調査したスラム内の学校は3校あるが、学校の規模や建物の構造、経営状況など、お互いにかなり異なっていた。したがって、スラムの学校の多くがA校のように運営されているとは考えにくいが、ここで働く教師のような使命感と責任感、連帯意識をもった教師集団が存在することは事実であり、ケニアの将来に光明を見たような思いがする。

付記

本章は、澤村信英（2024）「ケニアのスラムにある低学費私立学校の運営を探索する――厳しい環境の中で働く教師の生活を通して――」『国際教育協力論集』27巻1号をもとに大幅に修正したものである。

参考文献

▽内海成治（2014）「ボランティアとは何か――教育の視点から」内海成治編『新ボランティア学のすすめ――支援する／されるフィールドで何を学ぶか』昭和堂、2-28頁。
▽澤村信英（2015）「ケニア・ナイロビのスラムにおける無認可私立校の運営実態――自立的な学校経営を支える関係者の連帯――」『アフリカ教育研究』6号、70-84頁。
▽澤村信英（2016）「ケニアの低学費私立校で働く教員のボランティア的特性――ナイロビ・キベラスラムにおける無認可校の事例から――」国際ボランティア学会第17回大会（久留米大学）。
▽澤村信英（2020）「知られざるアフリカの教育――ケニアの公教育を支える低学費私立学校」『生産と技術』72巻4号、90-93頁。
▽澤村信英（2023a）「ケニアにおける教育改革の進捗と問題点――新制度下の前期中等学校1年生を取り巻く状況――」『アフリカ教育研究』14号、15-24頁。
▽澤村信英（2023b）「ケニアの学校――公教育を支えるスラム内の低学費私立学校」二宮晧編『世界の学校――グローバル化する教育と学校生活のリアル』学事出版、150-157頁。
▽長野優希（2023）「ケニアのキベラスラムにおける無資格教員と低学費私立学校の関係――教員の生活戦略に着目して」『未来共創』10号、43-74頁。
▽ニャムンジョ、フランシス（2016）「フロンティアとしてのアフリカ、異種結節装置としてのコンヴィヴィアリティ――不完全性の社会理論に向けて」楠和樹・松田素二訳、松田素二・平野（野元）美佐編『アフリカ潜在力 第1巻 紛争をおさめる文化――不完全性とブリコラージュの実践』京都大学学術出版会、311-347頁。
▽山本香（2015）「ケニア共和国キベラ・スラムにおける低学費私立校の役割――教員と保護者の生活者としての視

点から――」『アフリカ教育研究』6号、57–69頁。
▷ Bird, J., Montebruno, P. & Regan, T. (2017). Life in a slum: understanding living conditions in Nairobi's slums across time and space. *Oxford Review of Economic Policy*, 33(3), 496–520.
▷ Dixon, P., Tooley, J. & Schagen, I. (2013). The relative quality of private and public schools for low-income families living in slums of Nairobi, Kenya. In P. Srivastava (ed.), *Low-fee Private Schooling: Aggravating Equity or Mitigating Disadvantage?* Symposium Books, pp. 83–103.
▷ KICD (2017). *Basic Education Curriculum Framework*. Nairobi: Kenya Institute of Curriculum Development (KICD).
▷ Li, C., Yu, L., Oloo, F., Chimimba, G. E., Kambombe, O., Asamoah, M., Opoku, D. P., Ogweno, W. V. Fawcett, D., Hong, J., Deng, X., Gong, P. & Wright, J. (2023). Slum and urban deprivation in compacted and peri-urban neighborhoods in sub-Saharan Africa. *Sustainable Cities and Society*, 99, 104863.
▷ Oketch, M., Mustiya, M. & Sagwe, J. (2012). Do poverty dynamics explain the shift to an informal private schooling system in the wake of free public primary education in Nairobi slums? *London Review of Education*, 10(1), 3–17.
▷ Srivastava, P. (ed.) (2013). *Low-fee Private Schooling: Aggravating Equity or Mitigating Disadvantage?* Symposium Books.
▷ Tooley, J. & Dixon, P. (2005). *Private Education is Good for the Poor: A Study of Private Schools Serving the Poor in Low-Income Countries*. Washington, D.C.: Cato Institute.
▷ UNESCO (2021). *Global Education Monitoring Report 2021/22: Non-State Actors in Education*. Paris: UNESCO.
▷ UN-Habitat (2007). Twenty First Session of the Governing Council, 16-20 April 2007, Nairobi.
▷ UN-Habitat (2020). *Informal Settlements' Vulnerability Mapping in Kenya: Facilities and Partners' Mapping in Nairobi and Kisumu Settlements*. Nairobi: UN-Habitat.
▷ UN-Habitat (2022). *World Cities Report 2022: Envisaging the Future of Cities*. Nairobi: UN-Habitat.

第二章

マレーシアにおける将来が不確実な都市難民の子どもへの教育

学習センターに携わる留学生に着目して

金子（藤本）聖子

はじめに

マレーシアをフィールドに国際留学生移動研究を進めながら、難民[1]の教育に関心を抱くきっかけがあった。マレーシアで学ぶ留学生70名以上にインタビューを行ったが、うちシリア出身の3名は全員が、戦火を逃れて母国の大学を中退し、マレーシアに留学していた。滞在資格は「留学」だが、実質的には難民状態であると感じた。シリアには戻れないため、3名とも留学終了後は欧米や中東などの第三国またはマレーシア国内で就職先を探すと述べていた。国際留学生移動のどこに彼ら・彼女らを位置づければ良いのだろうか。

従来からの典型的な留学パターンは、途上国から先進国に留学する「先進文明吸収型」「学位取得型」「高等教育補完型」、先進国から他国への「地域研究型」「異文化理解型」に分類されてきた（平塚1980）。その後、地域内の相互理解を主眼に置いた「共同体理解型」（権藤1991）や、非英語圏で英語で学ぶ留学生を例とする「セカンドチャンス型」「ステッピングストーン型」「地域周遊型」（嶋内2016）などが現れてきた。金子（2018a）は、移動先のみを根拠にするのではなく、留学先を選んだ動機やマレーシアでの学習などの経験、卒業後の進路までをも内包したマレーシア留学の類型を、（1）欧米諸国等永住権志向型、（2）母国貢献型、（3）研究志向型、（4）中東諸国基盤型、（5）マレーシア滞在継続型、と論じている。

冒頭で挙げた留学する難民の類型を検討してみると、いわゆる一般的な高度外国人材とは異なり、母国に戻って貢献できない場合も多く、また別の国に移動しようにも滞在国での在留資格が切れているなど、難民ならではの特別な事情が見えてくる。本章では、マレーシアで留学中または留学を修了し滞在を継続する難民が、ロールモデルとして難民の子どもたちの不十分な学習環境を補完する可能性を論じたい。

1 マレーシアの難民受け入れ

1.1 世界から見たマレーシアの状況

世界中の難民・庇護申請者・国内避難民は1億1700万人にも達し、その75%を中低所得国が受け入れている（UNHCR 2024a）。2015年に提唱された「持続可能な開発目標

（Sustainable Development Goals: SDGs）」では、これまで支援の届きづらかった、特に脆弱な立場に置かれやすい人々への支援が急務とされ、第4目標ではすべての子どもが質の高い就学前・初等・中等教育を修了できること、さらには高等教育への平等なアクセスが提言されている。

中所得国マレーシアは初等教育の普遍化を達成し、前期中等教育就学率も9割近い（UNESCO 2022）。高等教育就学率は4割を超え（World Bank 2022）、すでに大衆化を遂げていると言えよう。高等教育機関在籍者に占める留学生比率は10・5%（Ministry of Higher Education Malaysia 2023）と、OECD諸国と比べても高くなっている。[2] 杉村（2017）は、ともに急増する外国人労働者と留学生が、もともとマレー系、中華系、インド系からなる「複合社会」であったマレーシアの多様化をさらに進め、二重の「複合社会」が形作られ、不平等と断片化が進んでいるとした。杉村はあくまでも、外国人労働者と留学生を「自発的なマイグレーション」と整理しているが、実際には外国人労働者は正規と非正規に分けられ、非正規滞在者には、正規の滞在資格が切れた後も滞在し続けるオーバーステイのほか、マレーシアは難民条約を批准していないことから、多くの難民もここに含まれている。UNHCR Malaysia（2024a）によれば、マレーシアは19万人を超える難民を受け入れており、東南アジアでは最大の受入国となっている。非正規という位置づけから、難民の子どもはマレーシアの公教育を受けることが認められていない。[3]

マレーシアは一次的な庇護国であり、難民は最終的には第三国定住を見込んでいる。将来的には再定住する存在でありつつも、長ければ数十年にわたって滞在し続けるという矛盾した事象が、マレーシアでの教育環境が整わない要因の一つとなっている。公教育に統合されない難民の子どもたちは、UNHCRや様々なNGO、財団などの支援する学習センター〔4〕（Learning Center: LC）で教育を受けているが、受入国であるマレーシア政府の認可や支援は一切受けていない。その点が、例えばトルコにおけるシリア難民が自主的に運営する学校（ガラーウィンジ山本 2018）が、管理権限の強さなどの問題があるとはいえ、トルコ政府によって公式に認可されていることとの違いである。そもそもトルコなどでは、対象者の制限や言語の違い、差別など様々な問題がありつつも、難民がホスト国生徒とともに公教育を受けることが法的に認められており、マレーシアとの決定的な相違であると言える。

マレーシアで暮らす難民のうち約88％がミャンマー出身であり、パキスタン、イエメン、シリア、ソマリア、アフガニスタンが続く。ミャンマー出身者の中でもロヒンギャが66％、チンが16％などとなっている（UNHCR Malaysia 2024b）。特に無国籍のロヒンギャ難民は非正規滞在者の中でも最も周縁化され、1990年代からマレーシアに滞留し数世代にわたって長期的に排除され続けている（Loganathan et al. 2022）。

難民キャンプのないマレーシアでは、都市での散住および公教育への非統合によって、難民の教育に関する公式なデータは存在していない。特に首都クアラルンプール（以下、KL）はアジアの中でも難民受け入れの主要都市となっている（Azis 2014）。難民問題の恒久的解決策としては、自主帰還、第三国定住、現地統合が挙げられるが（佐藤 2017a）、マレーシアの公教育に統合されず、再定住を見込みつつも将来が不確実な都市難民の子どもにとって、最適な教育環境についての解は見つかっていない。

1.2 高等教育修学経験を持つ難民のロールモデル性

高等教育を受けるチャンスは、難民が将来的に付加価値の高い仕事に就き、未来を切り開いていくために重要であり、実際に多くの難民が高等教育の機会を望んでいる（Bailey & inanç 2018）。UNHCRは、世界における難民の高等教育就学率を5％から、2030年までに15％に高めることを目標として掲げ、2023年時点で7％まで上昇した（UNHCR 2024b）。しかしながらマレーシアでは、難民の子どものうち就学前乳幼児の14％、初等教育就学年齢の44％、中等教育就学年齢の16％しか教育にアクセスできていない（UNHCR Malaysia 2024a）。

公教育に統合されない難民の子どもたちにとって、LCの教育に従事する者は身近な存在であると同時に、自分の生き方や将来的な働き方を思い描かせるようなロールモデルになり得る。田邉（2009）によれば、難民を含む「移動する子どもたち」にとってのロールモデルとは、「ここにいて良かった」と思うことができる、安心して根を下ろす関係性を築ける相手であり、それは新しい場所で生きていくための土台となる。困難な状況下にある子どもたちが未来を切り開くための方策として、本章ではマレーシアの大学に留学した経験を持ち、自身も難民であるLCの教師が、いかに不十分な教育環境にある子どもたちを支えているのかを検討したい。LCの生徒は教師から知識や技能を得るだけでなく、生活習慣や考え方、行動様式を身に着けるため、マレーシアで高等教育を受けた教師の存在は、将来が不透明な子どもたちにとって、選択の幅を広げる足掛かりの一つになり得るからである。

2 現地調査の概要

現地調査は2023年2月および8月に、KLおよび近郊地域のLCにて実施した。マレーシアで高等教育を受けた経験を持つ難民の教師にインタビュー調査を行うとともに、LCにおいて授業その他の活動を観察した。調査対象のLCの詳細は表1のとおりである。A校・B校・C校の3校とも、就学前教育と初等教育のみ提供している。また、調査に参加したLCの教師は表2に示している。

2.1 A校

A校はロヒンギャ難民自身がシンガポール人の支援を得て、KL中心部から車で30分ほどのマレー人の村（*kampung*）に設立したセンターである。周辺には戸建てや2階建ての集合住宅が点在し、商店などはなく時おりアイスクリーム売りが家々を回る、緑が多いのどかな地域である。就学前児童はロヒンギャ専用のモスクを教室とし、小学生はモスクから徒歩5分ほどの集合住宅の1階部分を学年別に区切った教室で学んでいる（写真1）。小学生の教室のいくつか

表1　学習センター（LC）一覧

LC（設立年）	対象	カリキュラム	教授言語	教師数	生徒数
A校（2017年）	ロヒンギャ（一部インドネシア）	アメリカ（ホームスクーリング）	英語	7	75
B校（2018年）	ロヒンギャ（一部マレーシア）	イギリス	英語、マレー語、ロヒンギャ語	8	58
C校（2008年）	ロヒンギャ	イギリス	英語	5	80

出所：筆者作成。

にはエアコンがあったが、ほとんどの場所では扇風機で暑さをしのいでいる。

校長はシンガポール人だが、他に難民のフルタイム教師やマレーシア人のボランティア教師がいる。シンガポール人やマレーシア人のボランティア学生が、リモートや対面で勉強を教えることもある。また、学習を継続する意欲が高い年長の子どもを「スチューデント・リーダー」としてわずかな給与で雇用し自主的な学習継続を促したり、子どもの母親で、夫が病気で働けない者を料理人として雇い、生活を支えるなどしている。ロヒンギャ以外に、同じく公教育から排除されているインドネシア人の子どもも数名通っている。

アメリカのホームスクーリングで使用されるカリキュラムを、マレーシアやロヒンギャ、ムスリムの文脈に合わせて改変して

表2　調査参加者一覧

No.	性別	LC	属性	出身	学歴（マレーシア国内のみ）
1	女	A校	教師	アフリカ諸国[注]	KL市内カレッジ中退
2	女		教師	アフリカ諸国	KL市内カレッジ中退
3	男	B校	教師・共同創設者	バングラデシュ（ロヒンギャ）	マレーシアサラワク大学学士課程・マレーシアプトラ大学修士課程卒、博士課程在籍中
4	男		教師	バングラデシュ（ロヒンギャ）	マーサ大学学士課程卒、マレーシアプトラ大学修士課程在籍中
5	男		教師	バングラデシュ（ロヒンギャ）	KL市内カレッジ中退
6	男		教師	サウジアラビア（ロヒンギャ）	UCSI大学学士課程卒、マルチメディア大学修士課程在籍中
7	男	C校	教師（校長の弟）	ミャンマー（ロヒンギャ）	国際イスラム大学マレーシア修士課程・博士課程修了

注：オーバーステイ状態でマレーシアに留まる者も含まれており、個人情報保護のため一部国籍の詳細な記載を避けた。
出所：筆者作成。

いる。英語の教科書にも宗教に関する記述が多く見られた。学費として最低限の月RM40を課しており[5]、後はシンガポールの慈善家から寄付を受けている。中古の本や制服を、マレーシアの大学や幼稚園から寄付してもらうこともある。

2.2 B校

B校はKL市内から車で30分ほどの商業地域にあり、住居と店舗を兼ねた建物形式であるショップハウスの3階を間借りしている。2階から3階に上がる階段の途中には格子状のドアがあり、南京錠で厳重に施錠されていた。周りには飲食店などが立ち並び、車で5分ほどの場所には私立大学もある。B校は、イスラム教育を施すマドラサであり、寄宿舎も兼ねている。生徒の多

写真1　A校にてロヒンギャ難民の若者が子どもたちを教えている様子／筆者撮影（2023年2月）

くは親がいないか、いても働きづめで育児ができずB校に預けている。週末や長期休暇になると家に帰る生徒もいる。教師は全員ロヒンギャ難民で、イスラム教の教義を中心に、英語や算数も教えている。長くマレーシアに住む教師もおり、また生徒には一部近隣に住むマレー人もいることから、教授言語はロヒンギャ語、英語、マレー語が混じっている。子ども同士はマレー語で話している様子も見られた。

広いホールが教室、寝泊まりする場所、食事場所を兼ねており、教室を区切るような壁やパーティションはない。子どもが勉強するための椅子はなく、床に座り低い折り畳み机で勉強している。ホール以外には、唯一のエアコンのある個室および台所がある（写真2）。水道の蛇口がいくつか並んでいるスペースがあり、シャワー代わりに水浴びをすると考えられる。

キリスト教関連のマレーシアのNGOを母体とするLCが教科書を提供しており、コピーして子どもたちに配布している。そのLCに進学して中等教育を受けることができるシステムとのことだが、まだ実績はない。地域のモスクなどが、家賃、光熱

写真2　B校の台所で料理するロヒンギャの教師と年長の子どもたち／筆者撮影（2023年2月）

費、食費を負担してくれている。

2.3 C校

C校は、ロヒンギャ自らがKL郊外に設立し、2022年にKL市内の閑静な住宅街にある一軒家を間借りした、現在の場所に移転した。就学前児童は玄関前の中庭のようなスペース（屋外だが屋根はある）で学び、小学生は住居の個室を学年別の教室としてそれぞれ使用している。住居の1階と、2階の一部が学校で、2階と3階にはロヒンギャの家族が生活している。放課後には庭先で男子がサッカー、女子がゴム跳びで遊んでいる様子が見られた。

教師5名のうち3名がロヒンギャ、1名がロヒンギャではないミャンマー人、もう1名がパキスタン人とのことである。他にドライバーが1名いる。校長によれば、生徒が英語を話すよう、できるだけロヒンギャ語を解さない教師を雇おうとしている。再定住先の多くが欧米先進国であることに鑑み、子どもたちにはマレー語を話さないよう指導しているという。

教科書は、マレーシアで発行された英語のものを使用している。3校の中で唯一、コピーではなく教科ごとに1人1冊教科書が配られていた。主な収入源は学費で、保護者の支払い能力に応じ、無料~月々RM100まで幅がある。他にはNGOや一般市民からの寄付を受けている。

3 時間軸が映し出す留学生とLCの関わり

3.1 難民の置かれた背景

調査に参加したC校の教師No・7（表2参照）は、C校の校長の弟である。校長はサウジアラビアのメジナイスラム大学を卒業後、バングラデシュの難民キャンプからマレーシアに渡り、C校の校長に就任した。No・7自身はサウジアラビア政府の奨学金で兄と同じ大学の学士号を取得後、トルコのNGOから奨学金を得て国際イスラム大学マレーシアにて修士号を得た後、博士号も取得した。

No・7によると、ロヒンギャはミャンマーで段階的に教育の機会を奪われた。まずは理系の大学に進むことができなくなり、続いてミャンマー学（地理、歴史など）以外を専攻することを禁じられ、そして全ての大学に進めなくなった。最終的には2012年〜2020年の間、公立・私立・塾・家庭教師を含め、ロヒンギャに対する全ての教育が禁止されたという。2020年に教育は再開されたが、この8年の間に教育を受けられなかった者たちが今、親になる世代であり、No・7は大変危険な状態だと考えている。

No・7自身は幼少期、C校のようなコンクリートや鉄は見たことがなく、竹や葉しかなかったという。教科書も文具もなく、色鉛筆というものを見たことがなかったと語った。鉛筆は短くなってきたら木の枝に括り付けて最後の最後まで使っていたと話し、何もかも政府が用意してくれる日本人には想像が付かないだろう?と筆者に問いかけた。

一方B校のNo・5はバングラデシュで生まれ、同国で中等教育まで修了し、KLのカレッジで経営管理を学んでいたが、金銭的な問題があり中退した。B校ではイスラム教と英語を教えている。バングラデシュで22年間暮らしていたため、同国におけるロヒンギャの事情に通じている。No・5によればコックスバザールなどの難民キャンプで暮らす人々には基本的人権がなく、住居、食料、教育が得られない。全ての権利が奪われていて汚職や犯罪が蔓延し、このままでは危険であると、故郷での同胞の状況に思いをはせた。教育がなければ良い習慣を身に付けられず、どうやって状況を良くすればいいか分からないのが問題だという。

3.2 LCに関わる動機

No・7は保護者の教育が不十分であることを問題視した。教育が受けられなかった期間にティーンエイジャーだった子たちが親になっており、この層を「教育ゼロ世代」とNo・7は形容した。何が良い育児なのか、良い振る舞いなのか、全然分かっていない人々が今、社会の主要メンバーになっている、と危機感をあらわにした。1962年の軍事クーデターでイスラム教徒への迫害が始まり、文化が徹底的に破壊されたことを文化的ジェノサイドであるとNo・7は批判した。「私は博士号を持っていて他にもチャンスがあるが、私たちがやらなかったらどうなるのか。私は彼らのために自分を犠牲にしたい」とNo・7は力強く訴えた。

No・4は自分とB校で学ぶ子どもたちとを比較し「我々の生活は彼らよりずっと良い」と述べた。バングラデシュ国籍を有し、マレーシアの大学を卒業し、修士課程にも通えている自身の状況を指しているのだろう。B校の子どもたちの多くは国籍を持たず、正規の教育を受けられないからである。ミャンマーでは機会のなかったLCで教えるチャンスがここではできた、とNo・4は満足そうに語った。No・3も家族が暮らすサウジアラビア滞在時は家事を全て家族にゆだねていたが、B校では子どもたちのために役立てるのが喜びだと話した。

A校で教えるアフリカ出身のNo・1は、母国で中等教育まで修了後、KL市内のカレッジでIELTS（大学入学に必要な英語検定試験）のための勉強をした。学士課程に入りたかったが、ビザの関係で一度国に帰る必要があると言われたという。出身地が内戦で危険であることと経済的な問題で母国には戻れず、そのままオーバーステイの状態になり、人づてにA校の校長のことを知った。授業で子どもたちが最初は知らなかったことを理解し、喜んでくれた時に幸せを感じると語った。

同じくアフリカ出身のNo・2は、母国で中等教育を修了してKL市内のカレッジで経営学を学んでいたものの中退したという。同じコンドミニアムに住んでいたA校の校長に偶然誘われ、教えるようになったと話した。母国やマレーシアの別の難民学校でも子どもを教えた経験があり、教える情熱が私にはあるのだと静かに語った。マレーシアの大学で教育学を学びたいとの希望を有している。

3.3 将来の展望

No・1は自身の今後について、本当は故郷に帰りたいが、安全でないので帰ってくるなと母親に言われているという。マレーシアで同居している妹は働いていないが、ここでは働こうとしても非正規滞在では騙されて給料をもらえないからだとした。母は、騙されるから外に出るな、ずっと家にいろ、と言うらしい。A校でフルタイムで働くことによって、貯金はできないものの家賃と食費を払うことはできるという。教職のバックグラウンドがないため仕事に行き詰まることがあり、大学で学びたいと考えているが、ビザがないので無理だと言われていると話す。

No・6はB校の現状を変えなければと強く感じており、教室を分けるためのパーティションや椅子、机などが必要だと語った。B校が改善されれば地元の子どもも学ぶようになり、彼らから授業料を取り、ロヒンギャの孤児は無料で教育することを考えているという。実際にB校には、未就学児ではあるが近隣のマレー人の子どもが数名通っており、No・3によればB校の「国際的な環境」から地域の保護者に選ばれるのだそうだ。No・6はまた、世界中に散らばったロヒンギャのためのオンラインチャンネルや文化保存のプロジェクトなどに複数関わっている。歌、衣装、料理など、様々な文化があったのに全てミャンマー政府に壊されたと憤った。オンラインのプロジェクトが軌道に乗ったら、ゆくゆくはロヒンギャだけでなく、同様の状態にある世界中の人々に提供したいと意気込みを語った。

4 難民の子どもたちを支える留学生の存在

留学生または元留学生が難民の子どもたちを支える個人的動機については、教える情熱があることや、安全でまともな唯一の就労機会がＬＣの教師であることが挙げられる。アフリカ出身者の例では、学生ビザが切れて帰るに帰れない状態になったことや、出身地が危険な状態のためマレーシアに留まるように親にも忠告されるなど、いわば消極的・受動的な理由でＬＣの教師をしているとも言える。その状況下でも、高等教育を再度修めたい、中退した経営学部ではなく教育学部を目指したいという語りは、より良く教えたいという願望を示している。難民キャンプやマレーシアで十分な教育を受けられない子どもたちを目の前にして、自身の恵まれた状況への恩返しという気持ちから支援に取り組む者もいた。

コミュニティを基盤としたレベルでは、同胞を放っておけないという根源的な動機や、「教育ゼロ世代」の親代わりの存在として自身やＬＣをとらえる元留学生もいた。親が出身地で過酷な青少年時代を過ごしており、現在も働きづめで十分な育児ができない中、高い教育を受けたＬＣの教師が親に代わって子どもたちを育てるという、コミュニティ内での育児・教育の補完が子どもたちの土台を形作っていると言える。

コミュニティ内に留まらない、より普遍的な動機として、ジェノサイドで破壊された文化の復興が挙げられた。ロヒンギャのみならず、尊厳や基本的人権が脅かされている世界中の人々の力になりたいと、コミュニティを基盤としたＬＣに携わりながらもより広い視野で取り組む教師の姿勢は、比較的自由に活動がしやすい都市難民ならではの営為と言えるかもしれない。

マレーシアに留学経験を持つ難民は「マレーシア滞在継続型」の留学類型に位置づけられようが、自分のキャリア形成や出身国への寄与に留まらない、同胞の力になりたいという人間としてのより根源的な動機に駆り立てられている者が見られた。いわゆる高度人材型の留学生の場合、マレーシアでは外国人が永住権や任期なしの仕事を得られにくい、などの不満が多く見られた（金子 2018b）が、難民たちはよりたくましく、滞在資格が切れることも厭わずに力強く居座っているようにも感じられる。

おわりに

難民の子どもたちにとってのLCは、決して十分な教育環境とは言えないが、身の回りの世話をしてくれる人や情熱を持って教えてくれる人、自己を犠牲にしても民族の未来を考えてくれる人がいることが分かった。まさに自国を離れた場所で生きていく土台を形作っており、自立して仲間を助けるロールモデルが得られる場所と言える。

もちろん留学経験者以外にも、母国で中等教育まで終えて教えている難民や、LCで学んだだけで教えている年長の子、または数は少ないもののC校の校長のように第三国で学位を取った後にマレーシアへ渡った者もいる。それぞれが動機や熱意を持って教えており、マレーシアの大学で学んだかどうかで、何か明確な線引きがあるわけではない。しかし、母国からマレーシアに逃れてきた難民の中で高等教育を享受している者は相対的に少なく、LCに関わる難民自身で高等教育を受けている者といえば、多くはマレーシアの大学に通っている。

多数の難民が滞在を長期化させる開発途上国においては、従来の難民キャンプを通じた人道支援型を越え、仕事や教育を通じて難民の自律性を回復させることが重要だとされ、高等教育も含めた難民の教育を優先すべきだとされている（ベッツ・コリアー 2023＝2017）。難民キャンプに収容され労働も許可されず無為に長い年月を過ごすより、非正規であれ受入国の経済に組み込むという枠組みは評価もされている（佐藤 2017b）。マレーシアにおける難民の子どもたちの学習環境は憂慮すべき点も多いが、高等教育を受けた難民のロールモデル性は、留学生比率の高いマレーシアのような国において、ベッツとコリアー（2023＝2017）が人道支援に対する依存度を下げるのに必要だとする、自助努力・相互支援の一つの形として提示し得るではないか。

本章の限界として、調査対象がロヒンギャのLCに偏っていたという点が挙げられる。マレーシア半島部にはUNHCRに登録されているだけで130以上ものLCが存在する（UNHCR Malaysia 2024a）中で、ミャンマーの他の少数民族や中近東など、様々な背景を持つLCや、複数の民族が共に学ぶLCもある。今後はより多様なLCの事例を調査していきたい。

本章ではマレーシアでの留学経験を持つ者に焦点を当てたが、国籍を有し出身地で教育を受けているなど、比較的恵まれた者たちだけではなく、LCで学んでいる非正規滞在の子どもの中で、高等教育にアクセスする動きを今後注視していきたい。無国籍問題や学習履歴の証明の難しさなどの障壁は確かにある。しかしマレーシアでは、外国籍の者は公教育を享受できないなど厳しい政策がありつつも、20万人近い難民を非正規に受け入れ、就労やコミュニティ内での教育活動、相互扶助活動が事実上認められている。高等教育就学についても、私立大学では柔軟な難民受け入れ実績もある（Birtwell 2023）。帰還・第三国定住・現地統合のいずれの未来が待ち受けているにせよ、高い教育を受けることが難民の将来の選択肢を広げることは確実であろう。

付記

本章はＪＳＰＳ科学研究費補助金（課題番号：２３Ｋ０２１９５）による研究成果の一部である。

注記

[1] 危険な状況から逃れてくる人々でも難民条約の迫害条件に当てはまらないケースが多く、自由移動と強制移動の境界はあいまいである（小泉 ２０２３）。また、マレーシアは難民条約を批准しておらず、難民という滞在資格はないため「庇護申請者」「強制移住者」「無国籍者」などが適切であると考えられるが、一般的な用語としての浸透状況から、ここでは全て「難民」と表記することとする。

[2] ＯＥＣＤ諸国の中等後教育における平均留学生比率は10・4％となっている（ＯＥＣＤ ２０２０）。

[3] 難民に限らず、外国籍の子どもは原則としてマレーシアの公立学校に通うことはできない（Ministry of Education Malaysia n.d.）。

[4] 公教育の外で行われる教育施設を意味し、「コミュニティスクール」「コミュニティセンター」などと呼ばれることもあるが、ここではＵＮＨＣＲマレーシアでの呼称「learning centre」（学習センター）を採用し、ＬＣと表記することとする。

[5] 目安としてＲＭ１はおよそ33・7円である（ＯＡＮＤＡ ２０２４）。

参考文献

▽金子聖子（2018a）「新興国マレーシアで学ぶ留学生の大学から職業への移行——留学生の新たな移動に着目して——」『比較教育学研究』56号、23-45頁。

▽金子聖子（2018b）「マレーシア留学が生み出すトランスナショナル移民——元留学生へのインタビュー調査から——」『国際開発研究』27巻1号、93-107頁。

▽ガラーウィンジ山本香（2018）「シリア難民が営む学校教育の役割——トルコ都市部において難民の主体性が創出する価値——」『国際開発研究』27巻1号、77-92頁。

▽小泉康一（2023）『「難民」とは誰か——本質的理解のための34の論点——』明石書店。

▽権藤与志夫（1991）『世界の留学——現状と課題——』東信堂。

▽佐藤滋之（2017a）「第三世界における難民問題の現状」滝澤三郎・山田満『難民を知るための基礎知識』明石書店、163-180頁。

▽佐藤滋之（2017b）「アジア太平洋地域の難民」滝澤三郎・山田満『難民を知るための基礎知識』明石書店、181-190頁。

▽嶋内佐絵（2016）『東アジアにおける留学生移動のパラダイム転換——大学国際化と「英語プログラム」の日韓比較——』東信堂。

▽杉村美紀（2017）「マレーシアの「複合社会」と移動する人々——マイグレーションとしての外国人労働者・留学生に対峙する国民国家——」杉村美紀編『移動する人々と国民国家——ポスト・グローバル化時代における市民社会の変容——』明石書店、66-81頁。

▽田邉裕理（2009）「子どもの「ロールモデル」を取り込んだ実践がもたらすもの——年少者日本語教育における「学び」の再考——」『言語文化教育研究』7&8号、124-145頁。

▽平塚益徳監修（1980）『世界教育事典』ぎょうせい。

▽ベッツ、アレクサンダー・コリアー、ポール（著）、滝澤三郎（監修）、岡部みどり・佐藤安信・杉木明子・山田満（監訳）（2023）『難民——行き詰まる国際難民制度を超えて——』明石書店。（=Betts, A. & Collier, P. (2017). *Refuge: Transforming a Broken Refugee System*. New York: Oxford University Press.）

▷ Azis, A. (2014). Urban refugees in a graduated sovereignty: the experiences of the stateless Rohingya in the Klang Valley. *Citizenship Studies*, 18, 839-854.

▷ Bailey, L & İnanç, G. (2018). *Access to Higher Education: Refugees' Stories from Malaysia*. Routledge.

▷ Birtwell, J. (2023). *Actions for Higher Education Institutions in Malaysia to Promote Access to Higher Education for Youth with Refugee Backgrounds*. Education and Social Work Centre for Asia Pacific Refugee Studies (CARPS), University of Auckland.

▷ Loganathan, T. et al. (2022). Undocumented: an examination of legal identity and education provision for children in Malaysia. *PLoS ONE*, 17(2), 1-26.

▷ Ministry of Education Malaysia. (n.d.). Soalan lazim berkaitan penerimaan kemasukan murid bukan warganegara ke sekolah kerajaan atau sekolah bantuan kerajaan (Common questions regarding the admission of non-citizen students to government schools or government-aided schools).

▷ Ministry of Higher Education Malaysia (2023). Statistic of higher education.

▷ OANDA (2024). 為替コンバーター. https://www.oanda.com/currency-converter/ja/ (accessed 30 August 2024).

▷ OECD (2020). International student mobility: tertiary student inflow, % of students enrolled. https://www.oecd.org/en/data/indicators/international-student-mobility.html (accessed 30 August 2024).

▷ UNESCO (2022). Total net enrolment rate by level of education. http://data.uis.unesco.org/index.aspx?queryid=3813 (accessed 30 August 2024).

▷ UNHCR (2024a). Figures at a glance. https://www.unhcr.org/about-unhcr/who-we-are/figures-glance (accessed 30 August 2024).

▷ UNHCR (2024b). UNHCR reports progress in refugee education; tertiary enrolment rate hits 7 per cent. https://www.unhcr.org/news/briefing-notes/unhcr-reports-progress-refugee-education-tertiary-enrolment-rate-hits-7-cent (accessed 30 August 2024).

▷ UNHCR Malaysia (2024a). Education in Malaysia. https://www.unhcr.org/my/education-malaysia (accessed 30 August 2024).

▽ UNHCR Malaysia (2024b). Figures at a glance in Malaysia. https://www.unhcr.org/my/what-we-do/figures-glance-malaysia (accessed 30 August 2024).
▽ World Bank (2022). School enrollment, tertiary (% gross) – Malaysia. https://data.worldbank.org/indicator/SE.TER.ENRR?locations=MY (accessed 30 August 2024).

第三章

南アフリカ共和国を事例に教育の普遍化と格差を考える

現実の社会を生きる人の「声」をもとにして

坂口真康

はじめに

本章の目的は、南アフリカ共和国（以下、南ア）を事例として、教育の普遍化と格差について考察することである。具体的には、現実の社会を生きる人の「声」（認識）をもとにして、格差是正の対策・支援を議論する際の論点を提示しつつ、特に「人間の尊厳」という概念に着目した探索を行う。

本章では、教育の普遍化と格差に関する議論の内、統計上に現れる情報（量）ではなく、実際に教育に携わる人々の認識（質）を探索する作業に取り組む。それは、教員の多様な「生き様」などが「詳しく語られないまま、途上国世界の教員政策は、国際スタンダードの名の下に画一化の方向に向かいつつある」（興津・川口 2018、357頁）という批判にこたえるための取り組みでもある。そして、そのような取り組みは、「持続可能な開発目標（Sustainable Development Goals: SDGs）」

が重視される時代の教育の普遍化と格差について探究することとも深く結びついているといえる。

SDGsに関して、野田真里はそこで掲げられている「誰一人取り残さない」という「崇高な理念」のもとで、国際社会が地球規模の課題に対応している中、その理念の実現を通じた「人類の平和と繁栄にむけては、人間一人ひとりに焦点をあて、こうした脆弱な人々に配慮した、草の根からのボトムアップ・アプローチが、トップダウン・アプローチとともに不可欠である」（野田2021、71-72頁）としている。この指摘からは、SDGs時代の教育の普遍化と格差を議論する際には、個別の教育の価値について、ボトムアップ・アプローチで探索することが重要になるといえるだろう。

そして、そのような探索の視点は、南アを事例とする際には特に重要であることが指摘できる。澤村信英は、サハラ以南のアフリカ諸国の教育は、政策と学校教育の実践が異なることが一般的であり、同じ国の中でも学校環境や運営方法には「天と地ほどの差がある」としつつ、「明らかな格差が存在する対象を理解するためには、平均化や総計された数値だけでは判断が難しい」としている（澤村2014、12頁）。さらに澤村は、「学校を取りまく社会や文化の文脈性（コンテクスト）と学校を切り離して解釈するのでは意味がない」（同書）とする。このような指摘を踏まえると、アフリカにおける教育を議論する際には現実の人々が生きる文脈に根差した探索が不可欠であるといえる。そこで本章では、南アの具体的事例について、質的手法に依拠することで、数値には現れにくい現実を可視化することに取り組み、南アの教育の普遍化と格差をより多角的に捉えるための探索を行う。

1 南アにおける教育の普遍化と格差

南アでは、制度としてのアパルトヘイトが撤廃された1994年以来、過去の遺産を乗り越えるための種々の取り組みが展開され、「教育分野においても、格差の是正は常に最優先政策課題の一つとして位置づけられてきた」（井ノ口 2013、95頁）。そのような中、同国では、格差も含めた諸課題へ対応するために実施された1990年代後半の教育改革（の実践）への批判を受けて、2000年代初頭にはナショナル・カリキュラムの改訂等が行われ、より現実に根ざした教育改革が取り組まれてきた（坂口 2021a）。そして、現代の南アでは、「カリキュラムに沿った教科書作成が行われ、基礎教育省による無償ワークブックも配布されるなど、カリキュラム実施、定着の努力がなされている」（小野 2021、46頁）ともされるように、ポスト・アパルトヘイト時代の教育制度の定着が図られようとしている状況にある。

しかし一方で、井ノ口一善により、制度としてのアパルトヘイト撤廃直後の教育制度改革の結果、「黒人生徒の入学率、進学率という面では一定の成果が出ている」反面、「学校法で謳われた平等な義務教育が全国民に行き届いておらず、人種間・地域間で格差が根強く残存しているのが現実である」ことが指摘されてきた（井ノ口 2008、37頁）。さらに、「長い年月をかけて精巧に作り上げられ、南ア社会に浸透した人種別教育制度の改革は一朝一夕には達成されるものではないが、アパルトヘイト時代の白人―黒人間の人種間格差が改善されないどころか、新たな格差として黒人内に格差を生み出しているのが現実である」（井ノ口 2013、95頁）ともされてきた。すなわち、南アでは度重なる教育改革を経た現代においてもアパルトヘイト時代からの教育の格差が存在するとされてきたのである——このことは、1994年の民主化により南アは「世界で最も民主的で先進的な教育政策を保持する国家となったが、アパルトヘイトの負の遺産は今も国全体に重くのしかかっている」（澤村 2003、357頁）とされたかつての状況がその後も引き継がれてきたことを示しているといえる。これらの指摘をもとに端的に述べると、現代の南アの教育格差の背景要因は過去のアパルトヘイトにあるということになる。そしてそこでは——もちろんそれだけではないが——特に「人種[1]」間の格差の名残が指摘できる。

そのような中、南アにおいて教育格差の是正のために取り組まれてきた方策の例として挙げられるのが、1998年の「雇用公正法」により法的根拠が確立された積極的差別是正措置の実施である（細井 2021、5頁）。細井友裕によると、南アの同措置では、「教育の機会や職務経験が乏しい状態に置かれた人々」が対象となってきたことから、「業務効率の低下への懸念」が表明されたり、「政治任用をめぐる批判」がなされたりしてきた（同書）。それでも、「歴史的に差別や不当な扱いを受けてきた人々を登用する」ために、同措置では学歴などの「不利となる要因を重視しない傾向がある」とされる（同書）。教育の格差と社会的地位の格差を結びつけないために、言い換えると、南アの教育の格差の是正のための対策として取り組まれているのが積極的差別是正措置であるといえる。

それでは、現代の南アにおける教育の普遍化と格差はどのような状況にあるのか。その点をより具体的に探索するために、本章では中等教育段階に焦点を当てる。なお本章では、すでに先行研究で長年かつ多岐にわたり指摘されてきた「人種」ごとの教育の格差に特化した議論は展開しない。それよりもむしろ、「人種」カテゴリに焦点化した教育の格差是正の対策・支援が展開される中で見えづらくなっていると考えられる現象を視野に入れ、その可視化を試みる。

2 南アにおける教育の格差への対策・支援に対する認識の分析

2.1 分析の対象と観点

本章では、2014年8月に南ア西ケープ州の公立学校で実施した中等教育学校段階[2]の学校長1名（K氏[3]）へのインタビュー調査[4]をもとにした探索を行う。その際、教育の普遍化と格差の観点から、特に象徴的な語り[5]を取り上げて、それらを可能な限り多角的に分析・考察するという手法を採用する。先述のとおり、SDGsでは「誰一人取り残さない」ことが強調されている（野田2021、71頁）。そのことを踏まえたときに、質的探索により、社会全体の潮流や数字の中で「取り残されている」可能性のある「誰」かの「声」（認識）を可視化することは、学術的議論を深める上でも、実践上の課題を浮き彫りする上でも意義のあることだと考えられる。

本章で語りを取り上げるK氏は、「「人種」カテゴリをもとに営まれる積極的差別是正措置に対して否定的な立場をとり、大学申請時などには「人種」を記入させない教育を営んでいる」（坂口2021a、336頁）。このような姿勢に象徴されるように、ある取り組みが教育の格差是正に寄与し得るとしても、その背後の理念――ここではアパルトヘイトが作り上げた「人種」カテゴリ――に同意できない場合は、それを拒絶するという姿勢をK氏が抱いている側面があることが提示できる。中等教育段階でそのような教育を営むK氏の認識を探索することは、教育の普遍化と格差に関わる対策・支援の与え手と受け手との関係性を深掘りする上で意義があると考えられる。そこで本章では、K氏の「声」（認識）を可能な限り検討することで、教育の普遍化と格差を議論する際に参照し得る点を導き出すことを試みる。

なお、K氏が勤める学校の特徴としては、①「公立学校である」、②「高等学校卒業資格試験の合格率が比較的高い」、③「授業のための施設・設備が比較的整っている」（坂口 2021a、316-317頁）点などが挙げられる。2点目と3点目を踏まえると、本章の事例は南アの「貧困」の極端な事例ではないと捉えられるかもしれない。「今日の国際開発の主題は「貧困」である」（橋本 2018、132頁）ともされてきたが、本章は、その主題が「教育の普遍化と格差」であるため、「貧困」概念というよりも「格差」概念に拠って議論を展開する。その前提に立ち、中等教育段階の卒業率や施設・設備などの可視化されている（量的な）現象よりも可視化されていない（質的な）現象を探索することに焦点をあてる――とはいうものの、後述のとおり、K氏の主観的認識において「貧困」概念が登場しないわけでもない。

2.2 K氏の語りにみる南アの教育の格差への対策・支援に対する認識

はじめに示すのは、社会における「共生」に関わる、「多様性」と「統一性」を同時達成することの困難についての話題の際における、「文化」の「正しさ」や「誤り」は誰が決めるのかという問いに対する一連の回答の中での語りである。K氏は、大学における積極的差別是正措置も例に挙げた後、次のように語っている。

そして人々は言うのです、「でも、仕事の場所ではどうでしょうか」と。私は言いました。「そうですね。もし人々がどの［肌の］色かに関係なく有能なのであれば、そして彼／彼女たちが人種差別主義者でなければ、彼／彼女たちが人種差別主義者の背景を有していなければ、あなたは彼／彼女たちを任命します」と。［…］あなたは、その役職に応募した人の尊厳を保つことになります。［…］そして、それは職場で起こります。彼／彼女たちは、あなたをひそかに傷つけます。彼／彼女たちは言います、「いいですか。あの人は黒人です。彼はこれらの法律のおかげで任命されたのです。そして彼は無能です」と。（K氏）

この語りからは、K氏が積極的差別是正措置によってある人物の才能ではなく「人種」により職に就くことができることについて否定的な見解を示しており、「人種」による格差の是正に取り組まないことが、その人物の「尊厳」を保持することにつながるという認識を抱いている様子がうかがえる。

さらに右記の語りの後にK氏は、歴史的背景から同氏の学校よりも設備等で優位な状況にある学校の学校長らとのエピソードに言及している。それは、同氏が勤める学校の保護者に話をする機会を設けるために同学校長らを招待したものの、自身には同学校長らの学校で話をする機会が設けられなかった際のエピソードである。同氏はそのことについて、次のように語っている。

> 彼／彼女たち［別の学校の学校長］は、私が彼／彼女たちの学校の制度を批判することを恐れていたのです。［…］ですから、そこには共生への障壁があります。［…］あなたは、抑圧された人が、彼／彼女たちと本当は協働したくない人たちに、いつでも彼／彼女たちの手を差し伸べることを期待するのですか。［…］あなたは、あなたの人間の尊厳を有しています。そしてあなたは言うのです、「いいでしょう。もしそういうことでしたら、私はあなたと働く準備ができていません」と。（K氏）

K氏はこの語りの後に、「開かれた議論」が必要であるがそれが実現されていないとも述べている。ここでの語りは、直接的な教育格差の対策・支援に対する認識というわけではないが、格差が存在する関係性を「人間の尊厳」の観点から批判的に捉えている認識を象徴する語りとして読み取ることができる。

以上に示したK氏の語りからは、「人種」や「学校」間の格差に関わる認識において、「人間の尊厳」という概念が重要な位置づけを担っていると解釈することができる。また、積極的差別是正措置により「人種」カテゴリを用いた格差是正を推進することよりも、アパルトヘイトが作り出した「人種」に拠らないことで人の「尊厳」が守られることを重視している姿勢が見られる。そして、「尊厳」のためには「開かれた議論」が求められるという見解を抱いている様子がうかがえるのである。

2.3 K氏の語りにみる直接的な教育の格差への対策・支援に対する認識

以上の「人間の尊厳」の観点は、より直接的な教育の普遍化と格差への対策・支援においても重要な位置づけを担っていることがK氏の語りから読み取ることができる。次に示すのは、南アの「共生」について「開かれた議論」が必要であるがそれが実現されていないという話題の中でのK氏の語りである。

> あなたは人々に共に生きて欲しいわけですが、そこには人々が協働することを拒む制約があるわけです。そして人々は誇りを有しています。彼／彼女たちは、人々［支援者］が「えっと、私たちは中古のユニフォームをお贈りします」と言って学校に来て欲しくはないのです。［…］だから、人々［支援者］が私にそのように電話をして、「［…］私たちは提案をしたいと思います」と言った場合、私は「いりません」と言います。すると、彼／彼女たち

は［…］「いえ。でも、私たちはあなたに与えることができます」と言います。すると私は、「いえ。でもあなた［支援者］はすでにあなたの思考において、中古の品を私たちに提案したいと思っていることを示しているわけです。それが、あなた［支援者］の私たちに対する考えです。あなた［支援者］が新品を有するということを。あなた［支援者］は、まずは［…］「あなたはこれが必要ですか」と言うべきでした。すると私たちは、「はい」か「いいえ」と言うことができました。でも、あなた［支援者］が私たちに何かできる、中古品を与えることができると考えた途端に、私たちはそれに感謝しなければならないのです」。そう、それが彼／彼女［支援者］たちの人々の扱い方なのです。彼／彼女［支援者］たちはあなたの尊厳を侮辱するのです。（K氏）

K氏からは、この語りに続いて、「私たちは貧乏かもしれませんが、平等の条件で［会話に］参加しているのです」という語りも発せられていた。ここで示した語りからは、K氏が支援の与え手側と比較して経済的に貧しいという認識を抱きながらも、支援品が「中古品」であったこと、ならびに話し合いがなく与え手の基準で一方的に支援が与えられようとしたことに対して否定的な見解を抱いている様子がうかがえる。また、その否定的見解を支える認識として、「尊厳」という概念に根ざした認識が抱かれている様子が読み取れるだろう。そして、このようなK氏の姿勢は、呉永鎬が、「支援」における「非対称性」に関する議論の中で、「当人の主観にかかわらず、助けてあげるべき存在、可哀そうな存在といった位置づけを与えられがちな支援される側」

が、「持てる者による持たざる者への温情に過ぎない「余計なお世話」だと支援を拒否することもある」（呉2022、27頁）とする議論とも親和的であることが指摘できる。

以上のようなK氏の認識や姿勢は、「押しつけの教育行政」への抵抗（井ノ口2013、100頁）という、アパルトヘイト時代以来の南アの特徴とも関連づけられるものであるとも解釈できる。かねてより、現代の南アの社会（学校）の特徴として、アパルトヘイトが一方的なトップダウン方式であったことの反省の上に成り立っている同国の社会的背景のもと、同国の学校の教員や州教育省の行政官が、政府からトップダウン方式でなされる「支配」に対して否定的な様子が指摘されてきた（坂口2021b）。南アの学校教育では歴史的背景から「上」からの一方的な働きかけに否定的地盤がある中、本章で示したK氏の認識は、それが格差是正に結びつきうるものであったとしても同様に否定されることがうかがえるのである。

3 南アの事例をもとにしたSDGs時代の教育の普遍化と格差の考察

次に、これまでに探索した南アの事例をもとに、SDGs時代の教育の普遍化と格差の議論を深化させるための論点を提示する。まずは、本章でここまでに示した南アの中等教育段階の学校長の認識の内に可視化した「人間の尊厳」という視点は、これまでの国際教育開発研究、より広く教育研究の議論で言及されてきた点とも合致するものであることが指摘できる。

例えば、黒田一雄・横関祐見子は、「教育開発」の見方の一つとして、「教育は基本的人権であり、社会経済開発への貢献というような表面的・功利的な機能のみで捉えるべきでなく、それは第一義的に尊厳ある人格を育成するための、優れて人間的・本質的な営みである、とする考え方」である、「教育の開発・発展」を挙げている（黒田・横関 2005、i頁——傍点引用者）。ここではすなわち、教育開発の見方の一つに人間の「尊厳」を重視する見方があることが指摘されている。

他にも、内海成治は、チャリティは「一方的に与える贈与のような愛の行為」である一方で、ボランティアは「一方的な行為ではなく、その活動を介して人と人、あるいは人と地域・社会がつながるという相互性を含んでいる」（内海 2019、26頁）として両者の違いを議論する中で次のことを指摘している。すなわち、ボランティア活動は、「支援される側の論理による支援」としての「レシピエント・ドリブン」（同書、7頁）なものであり、「国と国との関係ではなく、個と個の関係を前提として、相手の尊厳を認識する中で行われること」（同書、326頁——傍点引用者）が指摘されているのである。このような指摘を経由すると、本章で示したK氏の語りは、「中古品」の一方的な贈与（チャリティ）ではなく、「人間の尊厳」に根差した行為（ボランティア）が求められていたとも捉えることができる。

本章で示したK氏の事例に立ち返ってみると、たとえそれが「中古品」であったとしても備品（設備）がない状態がある状態になるということは、教育環境の改善という点からの格差是正には寄与しうるだろう。しかしながら、本章で示した事例では、そのような選択肢よりも「人間の尊厳」の観点からそれらの支援の提供を拒否する志向性が見受けられたのである。そのことは、南アのように他国と比較して教育の普遍化がある程度進んでいる中、「教育が量的にかなり普及した段階でその質を改善することは、教育機会の拡大と質的改善の両方を行う以上に困難な作業かもしれない」(澤村 2003、368頁)とされてきた指摘を象徴する出来事であると解釈することもできる。

以上のことを踏まえると、本章で示した南アの事例をもとにしたSDGsを議論する際の視点として、トップダウン式、一方的な対策・支援になっていないかについて、「人間の尊厳」という概念を用いた反省的な視点を提示することができないだろうか。橋本憲幸により、国際教育開発の議論では、それを行う「〈われわれ〉には躊躇や逡巡が求められる」(橋本 2018、273頁)ことが主張されてきたが、「人間の尊厳」という概念は、「躊躇や逡巡」を掻き立てる仕掛けになり得る概念だと考えられる。

加えて、橋本は、「ケアとしての教育」に関する議論の中で、教育による「ニーズの創出・操作という自作自演の事態を回避するひとつの手立てが、ケアの倫理が重視するその具体性・直接性・継続性・個人性にある」ということを指摘している(同書、297頁)。さらに、国際教育協力については、川口純により、援助の与え手と受け手との「相互の建設的な衝突が必要になるだろう」(川口 2021、256頁)とされ、両者の関係性においては、「単に水平的な協力関係を築くだけでなく、そこに「文化の位置づけ」を意識的に組み込むことで、国際教育協力の質向上に寄与するのではないか」(同書)ともされてきた。これらの指摘に沿うと、国際教育開発/協力においては、「具体性・直接性・継続性・個人性」や「水平的な協力関係」に「文化」をどのように位置づけるのかが鍵となるといえる。このような議論をもとに本章で示した南アの中等教育段階の学校長の認識の事例を捉えると、「人間の尊厳」という「文化」のもとで、「個人性」が重視され、「具体性」、「直接性」を伴った関係性が、「開かれた議論」として求められていたと解釈することもできるだろう。

とはいうものの、「人類という抽象は美しいが、個々の人間となると美しいだけでは済まない」（福島 2023）とされるように、「個人性」に根ざした関係性には困難がつきまとう――社会における他者との「共生」には「コンフリクト」が含まれることが想定される（坂口 2021a）。しかしながら、「誰一人取り残さない」（野田 2021、71頁）ことを主軸にSDGsを掲げるのであれば、この点を避けて通るわけにはいかないはずである。表面的な人数だけの問題ではなく、当事者が「取り残されていない」と認識しているか否か――。SDGs時代における「誰一人取り残さない」ことを徹底する際の視点として、「人間の尊厳」概念が応用し得ることを本章で示した南アの具体的な事例から提示することができるだろう。

おわりに

日本の岸田文雄首相（当時）が2023年9月の国際連合総会で行った一般討論演説の中において、「「人間の尊厳」に光を当てることで、国際社会が体制や価値観の違いを乗り越えて「人間中心の国際協力」を着実に進めていける」として、「人間の尊厳」という言葉が登場した（『朝日新聞』2023年9月20日朝刊――傍点引用者)。日本の首相により国際的な舞台で鍵概念として用いられた「人間の尊厳」であるが、本章で示した南アの事例を踏まえると、それを重視すればするほど、個別具体的な人間を想定するという覚悟をもって使われる必要のある言葉だといえるだろう。そうすると、「良かれ」と思って取り組んだ格差是正の対策・支援も、「人間の尊厳」に照らし合わせると批判にさらされる対象となり得る。「人間の尊厳」という言葉にはそれだけの重みがあり、覚悟が必要であると思われる。

そして「人間の尊厳」は、数量的観点、さらに一歩踏み込むと、経済成長の観点のみから、人間社会を捉えることの限界をも示していると考えらえる。「新自由主義的な思潮の影響を色濃く受けた教育改革は、どうしても経済効率性や教育効果の向上といった、目に見えやすい領域への改革に資源を集中させる傾向にある」(北村 2015、182頁)ことに注意を向ける必要性が指摘されてきた中[6]、経済的状況による差が「人間性」の差へ侵食しないように歯止めをかけ得るのが、「人間の尊厳」という概念であるとも捉えられる。分かりやすい「成果」の提示を駆り立てられる新自由主義の中にあって、「人間の尊厳」という概念は、立ち止まり、問いを提示するための仕掛けとなり得るのではないだろうか。

教育の普遍化と格差を議論する際には、「格差の基準や、公正をめぐる諸概念の受け取り方は多様であるからこそ、その多様さをそのままに描き出すことは重要」(小川 2023、392頁)であるとされてきた。そのような中、本章は「人数」ではなく「人間」に着目し、現実を生きる人の「声」(認識)をもとに可視化した「人間の尊厳」という概念により、教育の普遍化と格差の議論を深化させ得る論点を提示した点で意義がある。しかし、「人間の尊厳」概念自体の幅広さや奥深さを踏まえた検討はできなかったため、その探究が今後の課題となる。

北村友人が指摘するように、環境破壊などのグローバルな種々の課題が出てきた現代では、「経済成長モデルの開発ではなく、人間中心の開発のあり方を考えることがより重要になっている」（北村２０１５、１３３頁）のであれば、本章の南アの事例で示した「人間の尊厳」概念を参考にしつつ、教育の普遍化と格差に関わる対策・支援における人々の関係性の転換を迫るような議論を展開することも可能であると考えられる。その可能性のさらなる探索も、本章の成果を踏まえた今後の課題である。

付記
本章は、坂口真康（２０２４）を加除修正したものである。また本章は、ＪＳＰＳ科研費２４・７６６、ＪＰ１９Ｈ００６２０、ＪＰ２０Ｋ１３９０３の成果の一部である。

注記
[１] 南アでは１９９６年以降、アパルトヘイト体制下に作られた「人種」カテゴリを用いた国勢調査が行われてきたが、２０１１年の同調査からは「人種」の回答項目に「その他」が追加された（Statistics South Africa 2023, p.7）。このことにも象徴されるように、南アの社会的・歴史的文脈において「人種」はセンシティヴかつ「恣意的」な社会的

カテゴリ」(坂口 2021a、73頁)であることが指摘できる――このことは本章で取り上げるインタビュー調査からもうかがえる。そこで本章では、括弧付きで「人種」と表記する。

[2]南アの学校教育は、初等教育段階(1年生から7年生)、前期中等教育段階(8年生と9年生)、後期中等教育段階(10年生から12年生)に分かれており、7歳から16歳(または9年生)までが義務教育である(Motala 2014, p.285)。なお、2022年の南アの国勢調査によると、学校教育を受けたことがある5歳から24歳までの人々の割合は73.4%であり、1996年の国勢調査開始時の70.1%から増加している(Statistics South Africa 2023, p.39)。

[3]調査時点で30年以上の教職歴を有していた(坂口 2021a、322頁)。なお、プライバシー保護の観点から、K氏のその他の背景の詳細は記述しない。

[4]同調査が含まれるフィールドワークの全体像は坂口(2021a)を参照されたい。

[5]本章で取り上げる語りは、インタビュー調査のトランスクリプトをもとに、英語による語りを日本語で訳出したものである。なお、語りの中の[…]は引用者による省略を意味する(傍線部も引用者による追記である)。

[6]南アの中等教育段階におけるナショナルなカリキュラムや試験の内容も例外とはいえない。同国の中等教育段階の格差に関わる内容の特徴として、「社会福祉的観点」と「経済的観点」の側面で格差が取り上げられている中、後者により重点が置かれていることが指摘されている(坂口ほか 2023、224頁)。そして、南アの格差に関わる教授・学習・評価内容については、「慈善事業」よりも経済的発展による対策の促進の側面や(同書、225頁)、「グローバル社会の基準を満たすことへの高い期待」(同書、234頁)との関連が指摘されている。

参考文献

▽井ノ口一善(2008)「南アフリカの義務教育改革――成果と課題――」『アフリカレポート』No.47, 37-42頁。
▽――――(2013)「南アフリカにおける教育の分権化政策と新たな教育格差について」『アフリカ教育研究』第4号、95-109頁。
▽内海成治(2019)『ボランティア・難民・NGO――共生社会を目指して――』ナカニシヤ出版。
▽呉永鎬(2022)「マイノリティから日本社会を問う」呉永鎬・坪田光平編『マイノリティ支援の葛藤――分断と抑

圧の社会的構造を問う――』明石書店、13-41頁。
▽小川未空（2023）「教育の普遍化と格差をめぐる国際比較研究――公正の視点から問い直す――」澤村信英・小川未空・坂上勝基編『SDGs 時代にみる教育の普遍化と格差――各国の事例と国際比較から読み解く――』明石書店、379-393頁。
▽興津妙子・川口純（2018）「おわりに」興津妙子・川口純編『教育政策と国際協力――未来を拓く教育をすべての子どもに――』明石書店、357-361頁。
▽小野由美子（2021）「南アフリカ学習者における学習格差の実態」『共生科学』第12巻、43-54頁。
▽川口純（2021）「持続可能な開発のための教育の理念と実態――国際教育協力における「文化の居場所」について――」関根久雄編『持続可能な開発における〈文化〉の居場所――「誰一人取り残さない」開発への応答――』春風社、239-260頁。
▽北村友人（2015）『国際教育開発の研究射程――「持続可能な社会」のための比較教育学の最前線――』東信堂。
▽黒田一雄・横関祐見子（2005）「はじめに」黒田一雄・横関祐見子編『国際教育開発論――理論と実践――』有斐閣、i-x頁。
▽坂口真康（2021a）『「共生社会」と教育――南アフリカ共和国の学校における取り組みが示す可能性――』春風社。
▽――（2021b）「学校教育における「多様性」と「統一性」の折衷点に関する一考察――南アフリカ共和国西ケープ州の教育省行政官と学校教員の認識を事例として――」『教育学研究』第88巻第4号、671-683頁。
▽――（2024）「南アフリカ共和国における教育の普遍化と格差の現状と論点――格差是正の対策・支援と「人間の尊厳」――」『比較教育学研究』第68号、202-221頁。
▽坂口真康・小川未空・アンドリアマナシナ ルズニアイナ ラスルナイヴ・園山大祐（2023）「中等教育カリキュラムと修了試験にみる「格差」概念の探索――南アフリカ、ケニア、マダガスカルの比較――」澤村信英・小川未空・坂上勝基編『SDGs時代にみる教育の普遍化と格差――各国の事例と国際比較から読み解く――』明石書店、220-238頁。
▽澤村信英（2003）「南アフリカ――ポスト・アパルトヘイト教育改革の現状と展望――」澤村信英編『アフリカの開発と教育――人間の安全保障をめざす国際教育協力――』明石書店、357-370頁。

▽――――（２０１４）「アフリカの生活世界と学校教育」澤村信英編著『アフリカの生活世界と学校教育』明石書店、12－28頁。
▽野田真里（２０２１）「SDGsとＮＧＯ・市民社会――「誰一人取り残さない」ボトムアップの社会変革と「包摂的な文化」にむけて――」関根久雄編『持続可能な開発における〈文化〉の居場所――「誰一人取り残さない」開発への応答――』春風社、71－90頁。
▽橋本憲幸（２０１８）『教育と他者――非対称性の倫理に向けて――』春風社。
▽福島申二（２０２３）「「人類」は愛せても「隣人」を愛せない（斜影の森から21）」『朝日新聞』（２０２３年１月27日夕刊）。
▽細井友裕（２０２１）「南アフリカ共和国の官僚制――開発主義国家と国家捕獲の間で――」『アフリカ研究』Vol.99, 1－12頁。
▽Motala, S. (2014). Equity, Access and Quality in Basic Education, In T. Meyiwa, M. Nkondo, M. Chitiga-Mabugu, M. Sithole & F. Nyamnjoh (eds.), *State of the Nation 2014: South Africa 1994-2014: A Twenty-year Review*. HSRC (Human Sciences Research Council) Press, pp. 284-295.
▽Statistics South Africa (2023). *Statistical Release: Census 2022*. https://census.statssa.gov.za/assets/documents/2022/P03014_Census_2022_Statistical_Release.pdf (accessed 4 September 2024).

第二部

教育政策にゆらぐ

第四章

ヨルダンの教育統合政策はシリア難民家庭に何をもたらすか

公立校に通うシリア人生徒とその家族の視点から

ガラーウィンジ山本 香

はじめに

本章の目的は、難民の子どもを公教育に吸収する統合政策下において、その就学環境や経験が難民生徒およびその家族に及ぼす影響を明らかにすることである。

現在、世界全体の難民人口は3160万人を超える（UNHCR 2024a）。難民状態の恒久的解決策には本国帰還／第三国定住／第一次庇護国への統合の3つがあるが、難民がいずれかの恒久的解決策を得るまでにかかる年月は、平均20年と推定されている（UNHCR 2021）。社会経済状況の整わない本国へ帰還するリスクや、第三国定住が叶う可能性の低さから、第一次庇護国において統合されることもなく難民状態が長期化する事例が多い。それゆえ近年では、本国帰還を想定しながら第一次庇護国に定住する「地域統合」が国際的に推奨されている（ibid.）。

教育制度も例外ではなく、難民生徒をホスト社会の現地校に吸収する教育統合が難民教育の原則となっている（Dryden-Peterson 2017; Mendenhall et al. 2017）。現代の難民の生活形態は、ホスト社会から隔絶された難民キャンプではなく、ホスト社会に現地住民と混在し、部分的な支援を受けながらも自立して暮らす都市難民が多数派である。現地住民生徒とともに学校に通う都市難民の日常生活において、現地住民との間の物理的な境界は不可視化された。しかし、難民を社会的に排除する構造は残存している。

２０１１年に勃発したシリア紛争を端緒として、現在も約１４００万人のシリア人が国内外の本来の居場所ではない国・地域で生活している（ＵＮＨＣＲ ２０２４ａ）。そのうち６５０万人を占める難民の約80％がシリア周辺の第一次庇護国で暮らしており、彼らのなかでキャンプに住む人口は６％に過ぎない（ＵＮＨＣＲ ２０２４ｂ）。大多数を占める都市難民の就学率は、難民全体の総就学率（65％：ＵＮＨＣＲ ２０２３ａ）よりさらに低いと推定されている。そのため教育の量的拡充に重点が置かれるあまり、教育統合政策に対する具体的な批判はあるものの、教育の質や教育をとおした統合のあり方に関する洞察は十分に蓄積されてこなかった。以上の背景から、この研究上の空白に、ヨルダンにおけるシリア難民の教育統合を事例として示唆を加えたい。

1 教育統合の理想とシリア難民の現状

1.1 教育統合政策の利点と課題

教育統合政策の利点としては、ホスト国に既存の設備と資源を利用して難民への教育提供を行うため、（1）短期で難民の就学率を向上できること、（2）ホスト国への負担を最小限に留められること、（3）難民のホストコミュニティへの統合の促進が見込まれることの3点が挙げられる。（1）および（2）については、教育統合政策の導入によって就学率が大幅に向上した例もあり（たとえば、Cheewasrirungruang & Nokam 2023）、新たな教育システムや大規模な教育プロジェクトを企画運営することなく、最低限のコストで実施できることも事実である。しかし（3）については、懐疑的な指摘が行われている。

UNICEF中東地域事務所は、難民の教育統合が統合を促進する可能性はあるが、難民生徒のアイデンティティはほとんど看過され、包摂は見込まれないと示唆した（UNICEF MENA Regional Office 2015, p.iii）。現状の教育統合は、ホスト国政府が国民のために運営する公教育に難民を物理的に受け入れることを指し、難民の社会文化的背景や紛争経験に配慮した教育や指導は基本的に提供されない。さらにトルコやコートジボワールのように、教育統合の理念のもと、難民本国のカリキュラムに基づいて教育を提供する難民学校がホスト国から排斥された事例さえある（Aydin & Kaya 2017; Kirk 2009）。

しかし本来国際社会が目指す難民の地域統合には、学校教育を含む公共サービスへのアクセスといったハード面での統合だけでなく、社会的紐帯の構築などソフト面での統合も含まれる（Hynie 2018）。そのためには難民だけでなく現地住民も変容し、難民と現地住民が相互に影響し合いながら社会変容をもたらす包摂のプロセスが必要である（Ibid.）。しかし現状として教育統合政策は、難民が持つ社会文化的独自性を奪い、難民だけに変化を強いる同化のプロセスとして用いられていることが少なくない。すなわち教育統合は、難民に公正さをもたらすのではなく、難民を難民として周縁化した地位に固定する働きをしている可能性がある。

1.2 シリア難民の恒常的解決策への模索

第一次庇護国に暮らすシリア難民の56％が、２０２３年のＵＮＨＣＲによる調査で長期的には本国帰還を希望している（ＵＮＨＣＲ ２０２３ｂ）。つまり過半数がシリアへの帰還を目指しているが、一方でこの値は、２０１９年の同調査における同回答の割合（75％）から大幅に減少している（ＵＮＨＣＲ ２０１９）。この回答に影響を及ぼすシリアの国内状況をみると、２０１８年以降紛争は沈静化したとみなされている。しかしその情勢は「平和なき戦後」とも称され（Sayigh 2020, p.90）、これまでで最も分断された社会になったという指摘もある（Batrawi & Uzelac 2018）。水道や電気を含む基本的なインフラは未だ整わず、物価の高騰や失業率の状況は悪化し続けている。それに加えて、紛争を生き抜いたアサド政権は恣意的な政策運営を行い、復興の名の下で政権に対抗する者を排除する社会を再構築しようとしている（ガラーウィンジ山本 2022）。アサド大統領自身は、難民に帰還を求めながらも難民コミュニティを「テロリズムの温床」と称し（Middle East Monitor 2019）、帰還難民も排除の対象となることを示唆している。現在のシリアは、たとえ生まれ故郷であっても、難民にとって必ずしも生活しやすい場所ではない。その意識が難民間で共有されていることは、前述したUNHCRの調査で本国帰還への欲求は高かったにも関わらず、1年以内の帰還を計画しているシリア難民が1％にすぎない（UNHCR 2023b）ことからも明らかである。

また、シリア難民のうち欧州や北米諸国等の第三国に定住した人びとの割合は3％と少ない（UNHCR 2024bより筆者算出）。第三国定住への希望は多いが、受け入れ枠が少ないため、恒常的解決策のなかで最も実現可能性の低い選択肢だと言える。すなわち、本国帰還や第三国定住の意志に関わらず、第一次庇護国に留まるほかないシリア難民が多く、否応なく地域統合および教育統合の対象となっている。

2 ヨルダンにおけるシリア難民受け入れと教育施策

2.1 難民受入大国としての現状と地域統合をめぐる各アクターの意志

ヨルダンでは国内在住者の16人に1人が難民であり、人口当たりの難民比率としては世界5位の難民受入大国である（UNHCR 2024a）。ヨルダンは難民条約未批准であるため、国内の難民は政府による難民認定を受けていない。ただし、UNHCRは活動対象を独自に選ぶことが認められているため、ヨルダンに住む難民はUNHCRが認定するマンデート難民として国際的な支援を受けることができる。

現在ヨルダンには62・5万人のシリア難民が暮らしており、そのうち初等・中等教育学齢期の子どもは23万人にのぼる（UNHCR 2024b）。ヨルダンとシリアは公用語（アラビア語）が共通しており、どちらもイスラーム教の信仰者が国民の過半数を占め、文化や風土も近似している。シリア難民には比較的暮らしやすい国であるが、ヨルダン政府にとって10年以上にわたるシリア難民への長期的支援による負担は大きい。それに加えて、1950年代に始まったパレスチナ難民の受け入れから連なる長年の難民支援に対する現地住民の不満や、難民受入による外交関係の複雑化など、さまざまな課題を抱えている。なお、現在ヨルダン国内の難民キャンプに暮らすシリア難民は13万人（全体の約2割）に過ぎず（UNHCR 2024b）、そのほかの8割に及ぶシリア難民は、キャンプ外で都市難民として生活している。

国際社会は、シリア難民のさらなる長期的な滞在を見据えた地域統合を推奨している（Sieverding et al. 2018）。教育面では、シリア難民が無償の公教育を通して卒業資格を取得可能である点で、教育統合が進められているとして評価されている（Visconti & Gal 2018）。しかしヨルダンにおけるシリア難民の就学率は57％に留まっており、教育の量的拡大がもっぱら課題視されている（UNHCR 2020）。一方、ヨルダン政府の方針は、シリア難民の本国帰還を前提として捉えている点で国際社会の観点とは異なる。ヨルダン教育省が発行する「教育戦略計画」と、ヨルダン計画・国際協力省の「シリア危機対応計画」がシリア難民教育支援の2本柱を構成するものであるが、どちらもシリア難民の社会的包摂に関しては明確な言及がない（MoE 2018; MoPIC 2020）。これには、歴史的な難民受入大国であるからこそのヨルダン政府の慎重な姿勢も影響していると考えられる。最後に、シリア難民自身の希望としては、1.2で前述したUNHCRによる調査で、ヨルダンでは本国帰還を希望するシリア難民の比率が対象国中最高値（65%）をとった（UNHCR 2023b）。しかし1年以内の帰還を計画しているシリア難民の少なさは他国と変わらず、それに加えて2020年の新型コロナウィルス感染症の蔓延により、本国への帰還者は前年と比べて約半数まで減少し、現在まで横ばい状態にある（UNHCR 2024b）。以上を踏まえると、ヨルダンにおけるシリア難民の地域統合の現状として、三者それぞれの意志の落とし所を模索した結果、難民の定住を前提とはせず、包摂のプロセスも含まない、「一時的な物理的統合」が行われていると言える。

2.2 難民への教育提供

ヨルダン政府はシリア難民の公教育への統合を基本方針とし、シリア難民が多く居住する首都アンマンでは、就学時間を分割し国籍別に生徒を配置する二部制学校もある。2018年時点では202校の公立学校で二部制がとられ（Assaad et al. 2018）、午前が主にヨルダン人生徒を受け入れる「ヨルダンシフト」、午後が主にシリア難民生徒を受け入れる「シリアシフト」とされている。シリア難民生徒の6割が二部制下でシリアシフトに就学している（Ibid.）。就学先は居住地域の教育局が割り当てるため、基本的に難民が一部制学校／二部制学校のいずれかを選ぶことはできない。

二部制学校は、ヨルダンにおけるシリア難民の「一時的な物理的統合」を表象している。統合政策により多くのシリア難民生徒の就学継続が促されるとともに、ヨルダン人生徒との物理的な統合も行われた。しかし二部制学校では、両シフトで授業時間が短縮され、学習時間は減った（Sieverding et al. 2018）。さらにほとんどのシリアシフトでは、ヨルダンシフトとは異なる臨時雇用教員が配備されている（HRW 2020）。彼らはシリアシフト増設のために急遽雇用されたヨルダン人教員であり、教員経験に乏しく、低賃金かつ雇用形態が不安定であるため離職率も高い（Ibid.）。そのため、シリアシフトにおける指導の質が疑問視されている。

もうひとつの課題は、二部制学校では、ヨルダン人生徒とシリア難民生徒がシフト別に分けられ、明らかに分断されているということである。先行研究では、暗くなってから下校するシリア難民の女子生徒が帰路でハラスメントを受けたり、午後シフトへの出席者はシリア難民であることが明らかであり身体的・言語的嫌がらせを受けやすくなっているという事例が報告されている（Hagen-Zanker et al. 2017, p.16）。このように、二部制の導入によってシリア難民の教育アクセスは量的に改善されたが、指導の質の低下とシリア人に対するヨルダン人の差別意識の深刻化という新たな課題が浮上している。

3 アンマンにおける現地調査の詳細

現地調査はヨルダンの首都アンマンにおいて、2020年2月から3月の5日間にわたって実施した。調査ではシリア難民家庭21戸を訪問し、初等〜高等教育学齢期の生徒・学生48名とその家族24名（うち母親19名、父親5名）の合計72名に聞き取りを行なった。学齢期の対象者の就学先は、第1-10学年にあたる初等学校が39名、第11-12学年にあたる中等学校が2名、大学が2名である。そのほか、ホームスクーリングを行う自宅生が3名、不就学の子どもが2名であった。初等から中等学校に在籍している対象者41名の就学形態としては、二部制学校のシリアシフトに就学している子どもが21名（すべて初等学校）、一部制学校でヨルダン人生徒とともに学んでいる子どもが20名（初等学校18名、中等学校2名）であった。

聞き取りでは、年齢、家族構成、ヨルダンでの居住年数等を尋ねた後、ヨルダンでの就学・学習状況、就学／不就学の理由、就学に係る困難や喜びなどの就学関連の経験から家庭全体の教育観を探った。また、子ども・保護者の交友関係を含む生活の現状や、希望する定住地とそれに寄せる期待等の将来展望など、難民としての生活全般についても質問した。なお、紛争経験や政治的背景等について調査者から質問することはなかった。対象者自身からそうした事柄について発言があった場合は、聞き取り後に改めて情報公開の可否や範囲を確認し、とくに慎重に取り扱った。

調査対象者は、10年来アンマンに住むシリア難民女性を調査コーディネーターとして雇い、彼女の既存の交友関係を起点としてスノーボール式に選定した。この選定方法の理由として、都市難民を対象とする質的調査では、調査者と調査対象者との間の信頼関係の構築が課題となること（小泉 2015）が挙げられる。都市難民のなかには、紛争経験や政治的背景の複雑さから、外部者に対して不信感を持つ人びとが少なくない。既存の信頼関係を基盤としてスノーボール式に対象者を拡大することで、調査者との接触に対する緊張感の低減を図った。

4 シリア難民の視点から探る二部制学校と二部制学校の差異と課題

4.1 二部制学校シリアシフトでの就学

（1）T家族

T家には4人の子どもがいるが、うち3人は大学進学や結婚のため欧州で定住し、父親とは紛争前に死別している。現在は18歳の大学生である息子と、50代の母親のふたりでアンマンに暮らしている。ヨルダンには2012年に避難したが、当初はすぐに帰国するつもりで、母親は職場に2か月の休暇を申請してシリアを離れたという。現在大学生の息子は10歳でヨルダンでの避難生活を始めた。当時は二部制学校がなく一部制学校でヨルダン人生徒とともに学んだが、その後二部制が導入され、シリアシフトに編入した。彼は、主に友人関係について、シリア国内の学校、一部制学校、二部制学校シリアシフトの3者に違いがあったとして、「シリアでは友達のことを家族も含めて全て知っていた。シリアシフトでは、伝統や習慣をお互いに理解していた。ヨルダン人とは、一緒にいても安心できない。パレスチナ系ヨルダン人とは友達になれたが、（そうではない）ヨルダン人は、新しく来た人を批判する」と語った。指導の質については、「シリアでは、教師の暴力は生徒を良くするためのものだったが、ヨルダン（のシリアシフト）では暴力的になるために暴力を振るう」と話した。また、母親は、「ヨルダンシフト（一部制学校）では、先生は良かったが生徒が良くなかった。（生徒が）難民だと言ってきたり、批判してきたりした。シリアシフトでは、生徒は良かったが先生が良くなかった」と端的に比較した。

そうした不満があってもなお就学を継続した理由として、母親は「教育を受ければどこに行っても自立することができる。人生で起こることを事前に知っておくことができる。無知だと、たくさんの人が彼ら（子どもたち）を騙そうとする」と話した。また、家族の将来については、「安定すればシリアに帰るかもしれない。でも、シリアに帰ってもゼロからのスタート。子どもたちにはどこに行ってほしいとも言わないが、どこに行っても利益をもたらし、いい足跡を残してほしい」として希望を述べた。

（2）H家族

H家には子どもが5人おり、40代の母親を合わせた6人家族である。2013年にシリアの家宅が爆撃を受け、同居していた父親とその兄が死亡し、その直後にアンマンへと避難した。H家族の次女は、現在第12学年で受験生にあたるが、学校には通わず自宅生として中等学校卒業試験に備えて学んでいる。彼女もT家族の息子同様にシリアシフト、一部制学校どちらへも就学経験があり、「ヨルダンシフト（一部制学校）の方が、先生が経験豊富で子どものすることをフォローしてくれた。たとえば、宿題の量はどちらも同じだったけど、シリアシフトの先生は宿題をしてもしなくても、その結果も気にしなかった」と、指導の質の違いを指摘した。また、母親は「何もないよりはいい（ので就学させている）だけ。先生に満足はしていなかったが、解決策もない」と消極的な姿勢を見せた。

この母親は、シリアでは第8学年まで就学していたが、結婚を契機として父親に退学させられたという。彼女自身は就学を継続し、卒業資格が欲しかったと話す。もし資格を得ていたら何か変わったと思うかという質問に対して、「もちろん（変わった）。自分の子どもにとっても良かったと思うし、私自身の生活様式も変わったと思う」と答え、自身の経験と重ねながら教育が自身の子どもたちの人生にもたらす変革に期待をにじませた。

（3）J家族

J家族は子ども4人と40代の母親の5人世帯である。住んでいた家が破壊され街で銃撃戦が起きたため、2012年にシリアを離れまずエジプトへ避難した。その後長女がヨルダンの大学の奨学金を得たことをきっかけに、母親が長女、次女、三女、三男を連れてアンマンへ移住した。父親と長男、次男の3人は現在もエジプトに居住している。

三男は現在第10学年に在籍しており、ヨルダンに移住して以来二部制学校のシリアシフトに通っている。彼にヨルダンでの学校と生活について尋ねると、「ヨルダンの好きなところは、安全なところと、インターネットがスムーズなこと。嫌いなところは、（学校で）指導を受けられないこと。授業内容でわからないところがあれば家族に聞く。アラビア語は長姉、英語は次姉、数学は母に教えてもらう」と、学校での指導を批判し、その穴を埋める家庭での支援に言及した。母親も三男が学校で抱える問題を認識しているが、「（自分たちには）不平を言ったり発言する権利がない。私たちはここでは難民だから」、「問題が起きても誰にも言わない。意味がないから」と述べた。

J家の母親は大学まで進学したが、3人目を妊娠した大学2年目で諦めて中退したという。父親は大学を卒業し、シリアでは弁護士を務めていた。J家族には合計6人の子どもがいるが、就職済みの長男と就学中の三男以外の4人はすべて大学在籍中または大学院への進学を模索している状態である。家庭の経済状況は逼迫しているが、子どもに就学や進学を辞めて就職してほしいと考えたことは一切ないと母親は言う。その理由として、「子どもたちは学んだことで仕事をするべきだから。教育を受けなくても仕事のある人はもちろんいるが、多くは一時的なもので、簡単に失われてしまう」と教育に対する強い熱意を示した。

4.2 一部制学校での就学

（1）Q家族

前述した3家族では、公立校における難民生徒の理不尽な扱われ方に対する不満が主に聞かれたが、調査全体ではヨルダン人教師や級友への肯定的な意見も多かった。その一例がQ家族である。Q家族は母親と子ども4人の5人世帯で、2013年にヨルダンに避難した。子どもはすべてヨルダンで生まれ、うち3人は未就学で、長子である長女も2019年に通学を開始したばかりである。この家庭では例外的に長女が通う学校を教育当局ではなく家族が選んだという。その経緯を、母親は「評判のいい学校に空席があることを知り、経営者に会いに行って直接就学の許可を得た」と説明した。学区外に居住しているため学校は徒歩圏内にないが、同じ学校に通う親戚の子どもたちとタクシーを相乗りすることで交通費を節約しながら通学しているという。

また母親は、メッセージアプリのWhatsApp上で長女の担任教師が学級の生徒の保護者を対象としたチャットグループを作成し、教師と保護者、また保護者同士が気軽に交流できるよう促してくれたと話した。その担任教師に対して、母親は「ベビーシッターのように娘をケアしてくれる」と指導や対応を高く評価した。調査当時7歳の長女自身に交友関係を尋ねると、「シリア人もヨルダン人も友達。でもヨルダン人2人といちばん仲良し」と具体的な名前を挙げながら話した。その隣で母親は「娘は（アラビア語シリア方言ではなく）ヨルダン方言で話すようになった」と苦笑した。

（2）M家族

M家族は、父親、母親、子ども6人の8人世帯である。2013年にヨルダンに逃れた。すでに就職している長男および次男を除く4人が一部制の公立校で第4〜11学年に在籍している。彼らが前述のQ家族の親戚であり、Q家の長女とともに同じ学校へ通学している。11年生の三男は学校が好きだと話し、その理由として「ヨルダン人の先生や友達と混じることができる」と語った。クラスメイトの中にはもう1人シリア人がいるが、「特別親密に感じるわけではない。ヨルダン人の方が仲が良い」とも話した。9年生の長女も、先生は協力的でヨルダン人の級友とも仲がよく、学校はとても好きだと話したが、同時に、「（ヨルダンは）自分の国じゃない。ショッピングモールや公園では安全じゃないと感じることもある」と学校以外の日常的な場面で覚える不安感があることも明らかにした。

（3）U家族

U家族は、父親、母親、息子1人の3人家族で、2013年にヨルダンに避難した。国外避難を決めた主な理由は、紛争が激化すれば息子が徴兵されるかもしれないという恐れだった。そのため、当初から長期的な避難生活を覚悟していたという。息子は現在大学3年生であり、第9学年の前期までシリアで就学し、後期からヨルダンの一部制学校で学んできた。就学当初は「騒がしかったし、秩序もなく、教師はケアしてくれなかった」と回顧する。しかし避難以来約7年の間ヨルダン人とともに学ぶなかで、「今ではヨルダン人の方が親しみを感じる。もう4年くらい、シリア人の友達とはほとんど会っていない」と現在の交友関係について話した。しかし、大学卒業を控え、運転免許の取得や就職といった卒業後の生活に係る具体的な準備を考えるようになると、「自分はヨルダン人のようには生きられないというところ(が好きではない)。たとえば、運転免許を取るにも2年かかる」とヨルダン人との違いを強く意識し始めたことを明らかにし、ヨルダン社会における疎外感をにじませた。

4.3 一部制/二部制学校における就学が難民の統合にもたらす影響

4.1で記述した3家族の語りからは、シリアシフトではシリア難民だけが集い、シリア人としての背景を共有し、シリア難民間の結束を高めることができるという利点が示された。この利点は、本国帰還を目指す多数のシリア難民の将来展望に合致している。しかし本調査の対象者には、シリアシフトへの就学を率先して希望するシリア難民はひとりもいなかった。その理由は、シリアシフトの学習環境や指導の質に対する低い評価であった。母親たちの語りに表れた高い教育熱は、教育の質に対するこだわりにつながっている。QおよびM家族のように既存の資本のなかで工夫しながら教育の質がいいという学校に選択的に子どもを通わせる例もあり、J家族のように逼迫する経済状況下でも就労より教育や進学を優先させる家庭もあった。母親自身の学歴は中等学校退学から大学卒業まで多様であるが、それぞれの経験から得た後悔または自負を、子どもの教育に対する期待に反映させていた。

このように難民が高い教育熱を保持する一方で、シリアシフトは午後の遅い時間帯に設定され、シリア難民生徒はヨルダン人生徒が校舎を使った後に利用する。公教育は常に現地生徒が優先されるよう設定されている。その設定を、シリア難民側はシリアシフト、すなわち難民を対象とした教育の「社会の周縁」という固定化された性質として認識し、それは教育の質に対する根強い不信感にもつながっている。そのことが、難民自身の自尊感情にも影響し、HおよびJ家族の母親に共通して見られたような消極性や無力感、ひいては子どもの就学への意欲の低下にも部分的に影響していると考えられる。

一方、Q、M、ならびにU家族の事例では、一部制学校でヨルダン人生徒とともに学ぶなかで、国籍や地位の違いを認識しながらも、両者間の関係構築の妨げにはなっていない。彼らの事例からは、たしかに統合政策下での就学が難民とホスト住民間の紐帯の構築に貢献していることが示唆された。ただしそれと同時に、M家の長女のように、学校ではヨルダン人との関係に満足していても、学校外では変わらず不安感や怯えを抱えている例もある。また、U家の長男のように、就学中はヨルダン人と融和し同等に学ぶことができても、卒業後に直面しなければならない社会的な地位がもたらす決定的な違いに対する認識は払拭されることなく残っている。彼らの例からは、就学年齢が上がり難民としての自己とホスト社会とのつながりを意識するようになるほど、社会的に排除されているという認識が顕著になることが明らかになった。

一部制学校、二部制学校シリアシフトへの就学は、どちらも制度上は同じ教育統合だが、一部制学校とシリアシフトの指導の質に対するシリア難民間の評価には明らかな差異がある。一部制学校には「中核」、シリアシフトには「周縁」としての認識が付随しており、シリアシフトの教育の質に対する低い評価は、難民という地位そのものに対する自己認識にも負の影響をもたらしている可能性が示唆された。一方で、一部制学校と二部制学校シリアシフトには共通する課題もある。まず、教育統合をとおした地域統合については、各学校の運営者や教員の個人的な采配に委ねられている部分が大きく、普遍的な影響が見込まれるものではない。また、卒業後の雇用機会や社会福祉へのアクセス面で難民の権利が制限されている限り、学校で統合が促されたとしても、それが「一時的な物理的統合」に留まることに変わりはない。自分自身や家族がヨルダン社会から排除される存在だという難民間の認識も、学校において統合が促進されても、最終的には変わっていない。つまり、難民の教育統合がもたらしうる生徒間の結束は、難民の社会統合に直接つながるわけではない。むしろ現地住民と難民との距離が縮まるからこそ、社会に歴然として存在する排除の構造を目の当たりにすることになる。そのことが難民の無力感や消極性、意欲の低下につながり、難民側からの統合に向けた働きかけさえかえって困難にする側面も持っている。

おわりに

教育統合によりシリア難民の就学の量的拡充は進み、また難民滞在の長期化や一部制学校への難民の受け入れ拡大とともに子ども間の現地住民／難民を区別する意識は薄れつつある。しかし二部制学校では国籍による区別が明確にあることで、現地住民／難民を区別する意識が生徒に内在化し、排除の構造が再生産されている。とくに二部制下での教育統合は、「社会の中核であるヨルダン人生徒」との差別化が視覚的に明らかであるほか、それと比較して「社会の周縁であるシリア難民生徒」を対象とした教育の質が劣っているという評価も容易である。そのことは、先行研究で指摘されていたように現地住民生徒の差別意識を深刻化するだけでなく、難民自身の自己認識にも負の影響をもたらしうる。一部制学校においても、難民の権利が社会的に制限されている状況下では、教育統合の地域統合にむけた役割は限定的なものに留まっており、むしろ逆行する働きをする可能性さえあることが本章から示唆された。

本研究の制約としては、基本的にシリア難民への聞き取りにのみ依拠していたことが挙げられる。そのため、実際の学校現場での指導や学習環境を客観的に検証することができていない。それを踏まえた今後の展望として、学校内での調査や、ヨルダン人教師や生徒への聞き取りを行うことで、今回のシリア難民視点の調査結果を多角的に検証し、多様な立脚点からヨルダン社会におけるシリア難民の統合と、公教育の役割を検討する必要がある。

付記

本研究は日本学術振興会特別研究員奨励賞（１７Ｊ０７４４０）の助成を受けて実施した。

参考文献

▽ガラーウィンジ山本香（２０２２）「シリア難民――紛争と帰還をめぐる意志と葛藤――」内海成治・桑名恵・大西健丞編著『緊急人道支援の世紀――紛争・災害・危機への新たな対応――』ナカニシヤ出版、２６９-２８５頁。

▽小泉康一（２０１５）『グローバル時代の難民』ナカニシヤ出版。

▽Assaad, R., Ginn, T., & Saleh, M. (2018). *Impact of Syrian Refugees on Education Outcomes in Jordan*. The Economic Research Forum.

▽Aydin, H. & Kaya, Y. (2017). The educational needs of and barriers faced by Syrian refugee students in Turkey: a qualitative case study. *Intercultural Education*, 28(5), 456-473.

▽Batrawi, S. & Uzelac, A. (2018). *Four ways in which the Syrian regime controls refugee return*. Cligendael.

▽Cheewasrirungruang, J. & Nokam, C.T. (2023). The refugee education integration policy: the project in brief. Geneva: Global Compact on Refugees. https://globalcompactrefugees.org/good-practices/refugee-education-integration-policy-reip (Accessed 13 September 2024)

▽Dryden-Peterson, S. (2017). Refugee education: education for an unknowable future. *Curriculum Inquiry*, 47(1), 14-24.

▽Hagen-Zanker, J., Ulrichs, M., Holmes, R. & Nimeh, Z. (2017). *Cash Transfers for Refugees: The Economic and Social Effects of a Programme in Jordan*. ODI.

▽HRW (2020). "*I Want to Continue to Study*": *Barriers to secondary education for Syrian refugee children in Jordan*. Human Rights Watch.

▽Hynie, M. (2018). Refugee integration: research and policy. *Peace and Conflict: Journal of Peace Psychology*, 24(3), 265–276.

▽Kirk, J. ed. (2009). *Certification Counts: Recognizing the Learning Attainments of Displaced and Refugee Children*. UNESCO

IIEP.

▷ Mendenhall, M., Russell, S.G., & Buckner, E. (2017). *Urban Refugee Education: Strengthening Policies and Practices for Access, Quality, and Inclusion*. Teachers College Columbia University.

▷ Middle East Monitor (2019). Bashar Al-Assad calls on Syrian refugees to return to their own country. Middlesex:Ardi Associates Ltd. https://www.middleeastmonitor.com/20190219-bashar-al-assad-calls-on-syrian-refugees-to-return-to-their-own-country/ (Published 19 February 2019, Accessed 29 August 2024)

▷ MoE (2018). *Education Strategic Plan 2018-2022*. Ministry of Education, The Hashemite Kingdom of Jordan.

▷ MoPIC (2020). *Jordan Response Plan for the Syria Crisis 2020-2022*. Ministry of Planning and International Cooperation, The Hashemite Kingdom of Jordan.

▷ Sayigh, Y. (2020). Syria in the next decade: fragility, complexity, and unpredictability. 日本国際問題研究所編『グローバルリスク研究：反グローバリズム再考——国際経済秩序を揺るがす危機要因の研究』日本国際問題研究所、97－106頁。

▷ Sieverding, M., Krafft, C., Berri, N., Keo, C., & Sharpless, M. (2018). *Education Interrupted: Enrollment, attainment, and dropout of Syrian refugees in Jordan*. The Economic Research Forum.

▷ UNHCR (2019). *Sixth Regional Survey on Syrian Refugees' Perceptions & Intentions on Return to Syria: Egypt, Iraq, Lebanon, Jordan*. Geneva: UNHCR.

▷ UNHCR (2020). Jordan: Education dashboard (October 2020). Geneva: UNHCR. https://data2.unhcr.org/en/documents/details/82419 (Accessed 29 August 2024)

▷ UNHCR (2021). *UNHCR Global Trends: Forced Displacement in 2020*. UNHCR.

▷ UNHCR (2023a). *Unlocking Potential: The Right to Education and Opportunity*. UNHCR.

▷ UNHCR (2023b). *Eighth Regional Survey on Syrian Refugees' Perceptions & Intentions on Return to Syria: Egypt, Iraq, Lebanon, Jordan*. UNHCR.

▷ UNHCR (2024a). *Global Trends: Forced displacement in 2023*. UNHCR.

▷ UNHCR (2024b). Syria Regional Response. Geneva: UNHCR. https://data.unhcr.org/en/situations/syria? (Accessed 26 August 2024)

▽ UNICEF MENA Regional Office (2015). *Curriculum, Accreditation and Certification for Syrian Children in Syria, Turkey, Lebanon, Jordan, Iraq and Egypt*. UNICEF.

▽ Visconti, L. & Gal, D. (2018). Regional collaboration to strengthen education for nationals & Syrian refugees in Arabic speaking host countries. *International Journal of Educational Development*, 61, 106-116.

第五章

ウガンダ北部における難民受入地域への初等教育支援の役割と課題
当事者の視点に注目して

坂上勝基

はじめに

UNHCRによれば、世界全体の難民数は第二次世界大戦後の過去最大を更新し続けており、このうち18歳未満の子どもが占める割合は約40%である（2023年時点：UNHCR 2024a）。難民問題への国際的関心がかつてなく高まるなか、現行の国際的な教育開発目標である「持続可能な開発目標（Sustainable Development Goal: SDG）」4の達成に向け策定された「教育2030行動枠組み」にも、難民のニーズへの対応は明示的に盛り込まれた（UNESCO 2016）。特に、難民全体の4分の3が暮らすといわれる途上国で避難生活を送る難民に、質の良い教育へのアクセスを保障することが、喫緊の課題となっている。

難民への教育は従来、受入国の教育制度とは別の体系に位置づけられた学校で、難民の母国のカリキュラムに沿い、将来の帰還を念頭に行われることが多かった。しかし、難民数の増加にくわえ難民状態の長期化も進行するなか、緊急人道支援に頼るこうした方法で難民に十分な教育を提供することの限界が、次第に明らかとなっていった。前述のような状況を受け、UNHCRは2012年に、難民の受入国の学校教育システムへの統合[1]を促す内容の教育戦略を打ち出し、現在も継承している（UNHCR 2012）。

途上国における統合型教育支援の特徴の一つは、難民とホスト・コミュニティと呼ばれる受入地域の子どもの両者に同時に教育支援を行い、課題を抱える同地域の教育改善にも取り組むことが意図されている点である。難民を受け入れることによって得る経済的支援からの恩恵に対する捉え方が、受入地域住民内のグループによって異なる実態を明らかにしようとする実証研究は、アフリカの途上国を事例に多数行われてきた（例えば、Omata 2019）。しかし、難民への教育支援が受入地域にどのような恩恵を与えているのかについて、当事者の視点に着目する学校を基点としたフィールド研究は、十分に行われてこなかった。

本章の目的は、ウガンダ北部の南スーダン難民居住地を事例に、途上国の難民受入地域に対する教育支援が、低開発状態にある同地域の初等教育提供において果たしている役割やその課題について、学校運営者と児童を中心とした当事者の視点から検証することである。その際、支援を受けた学校の運営状況とこうした学校に通学するウガンダ人児童の特徴について、学校形態による背景の違いを考慮しながら検討を行う。

1 ウガンダにおける難民受入地域への教育支援の政策枠組みと現状

ウガンダは、1940年代に難民を受け入れたとき以来、隔離されたキャンプに難民を収容するのではなく、難民居住地（refugee settlement）と呼ばれる農村部の土地を難民に分配するのが伝統となっている[2]。ウガンダの場合、受入地域は難民居住地が位置する準郡（Sub County）のことを指すことが多いが、郡（County）や県（District）といったより上位の行政区分を指すこともある。ウガンダ政府が統合型教育支援の試みを本格的に推進したのは、1999年から2003年にかけ実施された「自立支援戦略（Self-Reliance Strategy: SRS）」においてで、当時泥沼化していた第二次スーダン内戦から逃れてきたスーダン難民を主に受け入れていたウガンダ北部の3県に、対象は限定されていた（UNHCR 2004）。その後、本政策の対象地域は拡大し、国全体の開発目標においても、「第二次国家開発計画（Second National Development Plan: NDPII）」（2015／2016〜2019／2020年度）で、教育を含むあらゆる難民関連の支援は受入地域向けのものと統合して行うことが明記された（Government of Uganda 2015）。

こうしたなか、2016年7月、南スーダンの首都ジュバでの武力衝突に端を発する激しい戦闘から逃れるかたちで、ウガンダへの南スーダン難民流入が始まる。流入前は20万人程度だった南スーダン難民の数は、記録上100万人（2017年末時点）にまで一気に膨れ上がり、ウガンダにとって、かつて経験したことのない規模での流入となった[3]。本章の研究が用いる現地調査データは、この難民数の急激な増加が少し落ち着いた２０１８年の状況を捉えたものである。ウガンダにはコロナ禍を経た現在も約95万人の南スーダン難民が暮らし、その80％以上はウガンダ国内でもっとも開発が遅れた北部西ナイル地域の難民居住地に住んでいる[4]（２０２４年７月末時点：ＵＮＨＣＲ２０２４b）。

ウガンダへの未曾有の規模での南スーダン難民流入が続いていた時期は、奇しくも、同国の先駆的政策が、途上国のモデルとして世界的に注目を集めた時期と一致する。２０１６年９月に国連サミットで採択された「難民・移民のためのニューヨーク宣言」を踏まえ開始された「包括的難民支援枠組み（Comprehensive Refugee Response Framework: CRRF）」において、ウガンダはアフリカ諸国の模範を示すパイロット国の一つとなる。この枠組みのなかで、ウガンダ政府は、２０１８年に統合型教育支援の模範的戦略文書といえる「難民と受入地域のための教育における対応計画（Education Response Plan for Refugees and Host Communities: ERP）」を策定した。現在は、その第二次計画が進行中である（MoES 2023）。

本章と関連するウガンダの初等教育に関する背景情報を述べると、ウガンダでは１９９７年、「初等教育普遍化（Universal Primary Education: UPE）」政策と呼ばれる無償化政策が導入され、就学率は飛躍的に向上した（澤村２００８）。ＵＰＥ政策では、子どもを就学させるための親・保護者による経済的負担を取り除くことを目的に、初等教育段階の公立校における学費徴収が原則禁止された一方で、人頭補助金（capitation grant. 以下ＵＰＥ補助金と表記）の給付が公立校に行われている。また、ウガンダでは、２００６年に制定された難民法（The Refugee Act 2006）に、ウガンダ人と同様に初等教育を受ける難民の権利が明記され、UPE補助金を受けている公立校に難民がアクセスすることは法律上保障された。ところが、各公立校が受け取るUPE補助金額は政府の予算額によって毎年一定せず、各校の運営に必要な経費を賄えない状況が恒常化している。このため、UPE政策下において規定額以下の徴収が例外的に認められている都市部はもちろん、農村部の公立校においても、PTA予算の確保という名目で事実上の学費徴収が全国的に行われている(Sakaue 2018)。

2 ビディビディ難民居住地で行った現地調査の概要

2.1 調査地

ウガンダ北部西ナイル地域のユンベ県に位置する、ビディビディ難民居住地を調査地として選定した。ユンベ県には、過去にも1994~1998年と2003~2008年にイカフェ難民居住地の一部にあたる土地に、南スーダン難民の大規模流入に対応し、2016年8月に開設された。現地調査時に入手した2017年のデータによると、ビディビディ難民居住地内に援助機関によって新たに建てられた初等学校(以下、UNHCR校)は25校あり、難民も通う受入地域の公立校は9校あった。ウガンダにおいて難民居住地を管轄しているのは首相府で、教育支援であれば、UNHCRとその実施・運営パートナーのNGOが連携して、学校建設や教員・補助教員の雇用、教員研修、学用品配布等、難民と受入地域への教育支援に関わる様々な事業を行っている。

調査時において、ビディビディ難民居住地は5つのゾーンに分かれていた。このうち2つのゾーンでは受入地域のウガンダ人が住んでいる場所から比較的隔離された区域に難民が住んでいて、調査対象に含めたい難民を統合した公立校が近くに存在しなかったため、事例校の抽出を行わなかった。また、残る3つのゾーンには、いずれもウガンダ人も通うUNHCR校と難民を受け入れた公立校が混在していた。それぞれのゾーンにはUNHCRに委託されて担当ゾーン内のすべての教育関連事業を統括する実施パートナーが存在するが、日本のNGOが実施パートナーとなっていたゾーンが一つだけあった。そこで、現地調査への協力体制が整っている当該ゾーンに集中して、調査を行うこととした。

2.2 調査対象校

調査対象としたゾーンには、UNHCR設立の初等学校が3校、公立の初等学校が2校存在した。このうち時間的制約から、ユンベ県の中心市街地からもっとも離れた位置にあった1校を除く、UNHCR校2校（以下A、B校）と公立校2校（以下C、D校）を調査対象校として選定した。A校は県中心市街地からは約22km、車で約40分の距離にあり、就学者数が5000人を超える大規模なUNHCR校である。2018年の調査で訪れたときは、学校が最初に設立された場所からは車で5分ほど離れたまったく別の敷地に移転したばかりで、半恒久構造の新しい校舎が立ち並んでいた。B校はA校からさらに約14km、車で約20分奥に進んだところにあるUNHCR校で、こちらは仮設構造の校舎での授業が続いていた。C校は、このB校から5kmほどしか離れていない場所に位置する公立校である。そして、調査対象としたもう一つの公立校のD校にたどり着くには、このB、C校がある地区から舗装されていない道を車でさらに約20分以上行く必要があった。

続いて表1で、調査対象校4校の児童数、教員数、補助教員数に、難民流入直後の2017年と2018年でどのような変化があったかを示した[5]。UNHCR校のA、B校では難民の児童数に大きな変化はみられなかったものの、ウガンダ人児童数が上昇している傾向が読み取れる。これらの学校に、NGO雇用教員は補充されているものの、児童教員比率が高い状態は依然続いている。公立校のC、D校ともに難民の受け入れは増加する傾向にあるが、ウガンダ人児童数はD校で減少しており、C校では大きな変化はみられなかった。両校の児童教員比率はUNHCR校ほどではないものの、ウガンダ政府が基準としている53を大きく上回っており、難民受け入れ数の増加に伴う児童数増加に対して教員の補充が追い付いていない状況が窺える。

2.3 調査の時期と手法

現地調査は、2018年9月24～28日の5日間、A～D校を訪問して行った[6]。まず学校の運営状況について尋ねるため、A～D校の校長に、校長が不在だった場合は教頭に半構造化インタビューを行った。続いて各校で可能な限り、学校運営委員会（School Management Committee: SMC）とPTAの委員に、親・保護者の視点から学校運営状況を尋ねる半構造化インタビューを行った。協力を得たのは、A校の南スーダン人男性のPTA会長、C校のウガンダ人男性のSMC会長、およびD校のウガンダ人男性のSMC会長の計3人だった。また訪問の際、業務に支障なく協力できるとして校長または教頭から許可を得た教員に対しても、半構造化インタビューを行った。A校とC校は、筆者が2017年に実施した現地調査以来の2回目の訪問で、分析では、2017年の調査で学校運営状況に関して得たデータや、校長または教頭に対し実施した半構造化インタビューの結果も補足的に用いた。

表1　調査対象校における児童数、教員数、補助教員数の変化

学校名	学校種	年	児童数		教員数		補助教員数
			ウガンダ人	難民	政府雇用	NGO雇用	
A校	UNHCR	2017	319（174）	4,354（2,087）	-	36（13）	5（5）
		2018	1,026（475）	4,657（1,986）	-	45（15）	6（6）
B校	UNHCR	2017	171（84）	1,966（634）	-	10（8）	不明
		2018	300（195）	1,964（1,050）	-	26（9）	1（1）
C校	公立	2017	891（427）	679（304）	13（3）	8（2）	3（2）
		2018	903（516）	953（470）	16（2）	7（2）	3（1）
D校	公立	2017	734（348）	515（252）	11（3）	5（0）	不明
		2018	474（237）	1,063（556）	12（3）	5（2）	3（0）

注：括弧内は女性の人数。
出所：ユンベ県教育局、ウィンドル・トラスト・ウガンダ、難民を助ける会から入手した資料、各学校での聞き取りで得られたデータにもとづき筆者作成。

児童への質問紙調査は、英語での質問に回答が可能な7年生のみを対象とし、調査時に登校していた児童全員に対して行った。A校だけ7年生が2学級あったため、無作為に選んだ1学級の児童のみに調査を行い、対象者数は52人（男43人、女9人）であった。また、B、C、D校の対象者数はそれぞれ38人（男28人、女10人）、54人（男32人、女22人）、27人（男15人、女12人）だった。各校では、ウガンダ人児童の男子、女子1人ずつへの半構造化インタビューを行い、校長または教頭から許可が得られたB校の女子児童1人と、D校の男子児童、女子児童1人ずつから協力を得た。インタビューは英語で行ったが、ウガンダで高等教育まで受けた南スーダン出身のリサーチ・アシスタントに、英語で伝わらなかった部分を対象者が話す言語に訳してもらい、対象者が現地語で回答した部分があった場合は英語に訳してもらった。このほか補足的に、支援事業を実施・運営しているNGOやユンベ県教育事務所を訪問し、担当者に難民支援の最新動向について尋ねる聞き取りを行った。

3 調査結果――当事者の語りからみえる受入地域への初等教育支援の実態

3.1 援助機関によって新しく建てられた学校

難民と同時に受入地域に対し教育支援が行われる一つ目の経路は、援助機関によって新しく建てられた学校で受入国のカリキュラムに沿った教育が行われ、受入地域の子どもに新たな就学機会を提供することである。Dryden-Peterson & Hovil（2004）は、1950年代から存在するウガンダ西部地域の難民居住地に、UNHCRによって建てられた初等学校を事例とした研究を行っている。この論文は、近隣に学校がなく就学が困難だった受入地域の子どもが学校に通えるようになったことにくわえ、援助機関からの支援があるため、こうした学校は周辺の公立校よりも児童教員比率が低いことを明らかにした。しかし、表1ですでに示したように、難民の流入規模が極端に大きかった今回の事例では、援助機関が運営する学校における児童教員比率は、近隣の公立校よりも高いか同じくらいであった。

また、SMCとPTAの委員へのインタビュー結果からは、UNHCR校において、ウガンダ人よりも難民の親・保護者が積極的に学校の運営に関わっていることが窺われた。UNHCR校で唯一インタビューができたA校のPTA会長は、2016年の11月に避難してきたという南スーダン難民男性で、南スーダンの首都ジュバの大学でディプロマを取得していた。出身民族はカクワで、これは南スーダン南部エクアトリア地方と国境を挟んでウガンダにも居住する主要な民族の一つである。「毎月の定例会合にくわえ緊急時は随時集まる」ようにしており、「学校のモニタリングは活発に行われている」と答えていたが、ウガンダ人のPTA活動の参加については「全員が活発というわけではない」と答えていた。

さらに、7年生に限定した少ない標本数ではあるものの、初等学校児童を対象に行った質問紙調査結果は、こうしたUNHCR校に就学しているウガンダ人が必ずしも受入地域住民の子どもではないことを示唆している。まず、A校で質問紙調査の対象となった7年生のウガンダ人6人全員が世帯に収入がなく、難民居住地内で暮らしていると回答していた。しかも、無回答だった1人を除く全員が一方の親か両親を亡くしており、彼らはウガンダ人でありながら難民への支援物資になんらかのかたちで頼って生活をしている可能性が否めない。

次に、B校で調査対象となった7年生のウガンダ人6人のうち3人は、B校に転校する前にはユンベ県以外の県に居住していたと回答していた。この児童らの世帯は農畜産物の販売や小規模事業によって生計をたてていることから、彼らはもともと周辺に住んでいる親戚などを頼って移住してきた可能性がある。さらに、B校の7年生6人のうち4人は、一方の親か両親を亡くしていた。このうち、北部のユンベ県からはるかに離れた中央部のカユンガ県から来たと回答したカクワが出身民族の女子児童（14歳）は、ビディビディ難民居住地へ引っ越してきた経緯について、次のように語っていた。

私はカンパラ生まれで、1年生から6年生までは政府の初等学校に通っていた。ところが、2年前に父親を病気で亡くし、学費の高いカンパラの学校にこれ以上通うことができなくなってしまった。ここ（ビディビディ難民居住地）の学校では学費を払わなくてもよいので、去年の2学期からB校に通っている。母親はカンパラに住んでいるが、放課後は一緒に引っ越してきた兄弟がしているコーヒーを売る仕事を手伝っている。

第1節で述べたように、UPE補助金を受け取っている公立校における事実上の学費徴収が農村部においても常態化し、ウガンダの初等教育無償化政策が形骸化していることは知られている。そんななか、UNHCR校であるA、B校は、調査時点では難民はもちろん、ウガンダ人児童の親・保護者からの学費の徴収も行われておらず、運営にかかわる費用のすべては援助機関からの支援によって賄われていた。難民居住地の援助機関の運営する学校が意外にも、かなり広範な地域のウガンダ人の子どもに初等教育へのアクセスを保障する、セーフティーネットとしての役割も果たしていることを、調査結果は示唆している。

3.2 難民への教育支援を受けた公立校

受入地域の子どもが難民教育支援の恩恵を受けることになっているもう一つの経路は、既存の公立校が難民の受け入れによって支援を受けとり、受入地域の子どものアクセスできる教育の質が向上することである。難民を受け入れていた公立校の調査校2校では、ウガンダ人男性のSMC会長にインタビューを行うことができ、まず学校運営における難民との協力関係について尋ねてみた。どちらの調査対象者も、ビディビディ難民居住地が設置された土地を、共有地としてもともと利用していた主な民族集団であるアリンガだったが、いずれも難民は協力的であると話していた。このうちC校のSMC会長はインタビューで、イディ・アミン大統領の失脚後に家族で南スーダンへ避難し、1984年に南スーダンの初等学校に1年生から入学したという自らの難民経験について語り、こうした経験を有する受入地域住民がいることを、難民との関係が良好である理由の一つに挙げていた。

次に、現地調査で得られたデータやインタビュー結果の分析から、難民の統合による児童数増加に教員の補充は追いついていないこと（表1参照）、公立校へのUPE補助金の増額は限定的であることを示す結果が得られた。公立校での訪問調査で得られたデータにもとづき計算を行うと、2017年を通じてC校とD校が受け取った児童一人当たりのUPE補助金額はそれぞれ1・6ドルと1・7ドルで、難民を除くウガンダ人児童数のみで総額を割った額は2・8ドルと2・9ドルだった。[7] また、2017年に行ったインタビューでC校の教頭は、「政府は難民の数を考慮して（補助金を支給して）いない」と話していた。ウガンダ政府が公表している2016／2017年度のUPE補助金拠出額を、ウガンダ全土の公立校の就学者数で割った額は2・7ドルである（MoES 2017）。この額との比較からも、公立校であるC、D校において、難民を受け入れたことによる児童数の変化に比例したUPE補助金の増額は行われていなかった状況が窺える。[8] なお、援助機関からの学用品等の物資の支援については、難民とウガンダ人児童の両方が必ず対象になると、C校の教頭は話していた。

さらに、公立校での調査結果から、施設の拡充や学用品等の物資の配布といった統合型支援は、受入地域が抱えるより根源的な教育課題に直接対処するものと必ずしもなっていないことが明らかになった。D校では、過去12年間にD校を含めてユンベ県内の5つの公立校で教えた経験を持つという、40代のウガンダ人女性教員にインタビューを行った。ユンベ県に限らない西ナイル地域を中心に分布するルグバラが出身民族のこの教員は、「女性は結婚するものという文化」

や「親の（教育に対する）否定的な意識」があることを、親・保護者による学校活動が活発でない理由として挙げていた。この女性教員は「（南）スーダン人児童の方が成績がよい」、「彼らは教育だけを頼りにして（将来を賭けて）いるけれども、ウガンダ人児童は家での仕事の影響を強く受けて（学校での学習に集中できないで）いる」とも話していた。

また、難民を受け入れている公立校において難民からの学費徴収は行われておらず、ウガンダ人児童が支払うべき学費の額については、2018年時点で一学期あたり、C校で2500〜3500シリング（0・67〜0・80ドル）、D校で2000シリング（0・54ドル）であった。D校における額は少な目であるが、校長室には1〜2年生から6600シリング、3年生から7600シリング、4〜7年生から1万2600シリングと、学期ごとに児童が支払うべき学費の額を記した表が掲示されていた。D校の教員にこの表について尋ねると、「このルールは2014年から2016年まで使っていたけれども、もはや機能していない」と話していた。

難民受け入れ後、間もなかった2017年のインタビューでC校の教頭は、「今年は20％くらいの親しか（学費を）払っておらず、（学費を払わない親・保護者からは）国連からの援助で足りているはずだと言われている」と述べていた。2018年のインタビューでは、現在は80％ほどの親・保護者が支払っているとしていたものの、引き続き学費支払いの説得に苦慮している様子が窺えた。Ezati et al.（2016）は、ウガンダ北部全体で親・保護者による学校教育への関与が少ない要因の一つとして、たびたび発生してきた内戦や紛争後の支援として援助機関が行ってきたトップダウン型の教育支援への依存を挙げている。支援に依存して親・保護者による学校教育への関与の度合いが低くなっている傾向が、今回の事例においても確認できたといえよう。

おわりに

本章はウガンダ北部を事例とし、難民受入地域を対象とする教育支援の役割や課題について、援助を受けた学校の運営状況とこうした学校に通学するウガンダ人の特徴に注目し、UNHCR校と公立校の違いを考慮しながら、当事者の視点から明らかにする分析を行った。

UNHCR校について、児童教員比率が公立校より低い状況は確認できなかった。さらに、こうした学校に通うウガンダ人の背景を尋ねると、必ずしも受入地域の出身者というわけではなく、学費が支払えずに困難な状況にありながらも教育を受けたいと願う子どもの受け皿としての役割を果たしていることが窺えた。より積極的に学校運営に参加している親・保護者は難民であり、UNHCR校が、長期的には難民の帰還後にも、受入地域の初等教育へのアクセス向上に資するかたちで存続していくためには、運営における地元住民との連携の確保が重要となるといえよう。

また、難民受入地域の公立校において、児童教員比率が政府の基準を上回った教室の過密状態が続き、制度上はなされるはずのUPE補助金額の増額もないこと、さらにウガンダ人就学者数はほぼ横ばいか、むしろ減少している学校もあることが明らかとなった。受入地域の就学が促進されない背景は、親・保護者の教育への関与が少ないことにあり、難民支援はこの傾向をむしろ助長している可能性もある。

統合型教育支援は、難民支援と受入地域への支援を同時に行うことのできる、一石二鳥の手法とされている。難民支援によって受入地域が経済的にどのような影響を受けるかは不明瞭で、多くの先行研究が行われてきた一方、教育は正の影響が比較的分かりやすく観察できるセクターとして捉えられてきた。しかし、途上国における統合型教育支援のモデルとされているウガンダ北部の難民受入地域への支援においても、提供側からは意図されていなかった役割や課題が存在することが、当事者の語りから浮彫りになったといえよう。大規模な流入に対処する難民教育支援もままならない状況のなか、受入地域への援助が限定的となるのは仕方のないことかもしれない。しかし、受入地域の実際の教育課題に正面から向き合う取り組みが別に必要となるという現実を、ウガンダ政府も援助機関も無視することがあってはならないと考える。

本章の制約として、現地調査が実施できた期間が短く、各学校においても少ない標本数の調査しかできなかったことが挙げられる。このため、調査で得られた結果がどの程度各学校全体の状況として一般化して解釈できるかも含めて、注意が必要である。今後はさらに、統合型教育支援において重要となる教授方法と児童の学習における課題や、コロナ禍を経て難民状態が長期化した状況下での難民と受入地域住民の社会統合における役割など、本章で扱うことができなかった点について検討していきたい。

付記

本章は、坂上勝基（２０１９）「ウガンダ北部の難民受入地域への教育援助に関する一考察——初等学校の教員と児童の視点に着目して——」『アフリカ教育研究』10号、78-92頁をもとに、加筆修正したものである。本研究の実施にあたっては、ＪＳＰＳ科研費ＪＰ２６２５７１１、ＪＰ１７Ｊ０１８８７、ＪＰ２１Ｋ１３５４０を活用させていただいた。また、現地調査実施に際しては、特定非営利活動法人の難民を助ける会の方々に大変お世話になるとともに、故内海成治教授、澤村信英教授、マケレレ大学のエリア・ヒサリ准教授とジェームス・ウォカダグラ准教授から、多大な支援と助言をいただいた。ここに深謝の意を表する。

注記

［１］Dryden-Peterson et al.（2018）も指摘しているように、「統合（integration）」という用語は、難民に長期間の法的地位か市民権を将来与えることを受入国が意図しているかのような印象を与える。しかし本章ではＵＮＨＣＲ（２０１２）にならい、単に受入国の教育システムを通じて難民に教育を提供することを指して、「統合」という用語を使っている。

［２］ウガンダは、イギリスの保護領だった１９４０年代、第二次世界大戦の戦火で母国を追われたポーランド難民のため、難民居住地を提供した歴史がある（Betts 2021; UNHCR 2004）。

［３］本難民数が水増しされていたことは２０１８年に発覚し、ＵＮＨＣＲが生体認証システムを導入し行った新たなヘッドカウントの結果、南スーダン難民数は約78万人に修正された。本経緯の詳細は、村橋（２０２１）を参照されたい。難民数の水増しは、筆者らが２０１７年に学校レベルで行った現地調査からも窺われた（清水ほか ２０１８、１１０頁）。

［４］西ナイル地域は、ウガンダ国軍と「神の抵抗軍（Lord's Resistance Army: LRA）」との間の内戦にくわえ、１９７０年代のイディ・アミンによる軍事クーデター以降２００２年に至るまで、複数の武装組織による様々な紛争の影響を直接受けてきた。このため同地域は、ウガンダ国内でもっとも社会経済開発の遅れた地域の一つとされている（Bogner & Rosenthal 2017）。

［5］児童数に関する、A〜D校の2017年のデータはウィンドル・トラスト・ウガンダから、2018年のデータは難民を助ける会から入手した資料にもとづく。2017年のNGO雇用教員数はウィンドル・トラスト・ウガンダからの資料に、D校の政府雇用教員数はユンベ県教育局資料にもとづくが、それ以外の教員数と補助教員数については、各学校での聞き取りで得られたデータをもとにした。

［6］本章の研究が行った調査は、大阪大学大学院人間科学研究科共生学系研究倫理委員会より承認を受けるとともに、ウガンダ首相府難民局からマケレレ大学と共同のデータ収集を目的としたビディビディ難民居住地訪問許可証を取得した上で実施した。

［7］本章でのシリングのドル換算は、ウガンダの中央銀行（Bank of Uganda）が公表している、該当する会計年度や暦年の平均レートを用いた。

［8］2017年におけるUPE補助金の各学校への配分額は、南スーダン難民が大量に流入する前（2016年4月ごろ）の学校悉皆調査で得られた就学者数にもとづいて算出されていた可能性はある。しかし、2018年にC校で行ったインタビューでも、同じ教頭が2017年のときと同様の回答をしていた。

参考文献

▽澤村信英（2008）「ウガンダの初等教育無償化10年の現状と課題」『国際教育協力論集』11巻2号、151-162頁。
▽清水彩花・坂上勝基・澤村信英・内海成治（2018）「生徒の視点からみた難民開発援助と学校教育――ウガンダ北部の南スーダン難民居住地を事例として――」『国際開発研究』27巻2号、105-121頁。
▽村橋勲（2017）「難民とホスト住民との平和的共存に向けた課題――ウガンダにおける南スーダン難民の移送をめぐるコンフリクトの事例から――」『未来共生学』4巻、161-185頁。
▽村橋勲（2021）『南スーダンの独立・内戦・難民――希望と絶望のあいだ――』昭和堂。
▽Betts, A. (2021). Refugees and patronage: a political history of Uganda's 'progressive' refugee policies. *African Affairs*, 120(479), 243-276.
▽Bogner, A., & Rosenthal, G. (2017). Rebels in northern Uganda after their return to civilian life: between a strong we-im-

age and experiences of isolation and discrimination. *Canadian Journal of African Studies*, 51(2), 175–197.

▷ Dryden-Peterson, S., Adelman, E., Alvarado, S., Anderson, K., Bellino, M. J., Brooks, R.,…Suzuki, E. (2018). *Inclusion in National Education Systems* (Background Paper for Global Education Monitoring Report 2019). UNESCO.

▷ Dryden-Peterson, S., & Hovil, L. (2004). A remaining hope for durable solutions: local integration of refugees and their hosts in the case of Uganda. *Refuge: Canada's Journal on Refugees*, 22(1), 26–38.

▷ Ezati, B. A., McBrien, J. L., Stewart, J., Ssempala, C., & Ssenkusu, P. (2016). Parents, pay attention! factors related to parental involvement with education in northern Uganda. *Australian Review of African Studies*, 37(2), 9–32.

▷ Government of Uganda (2015). *Second National Development Plan (NDPII) 2015/16-2019/20*. National Planning Authority.

▷ MoES (Ministry of Education and Sports) (2017). *The Education and Sports Sector Annual Performance Report: Financial Year 2016/17*. MoES.

▷ MoES (Ministry of Education and Sports) (2023). *Second Education Response Plan for Refugees and Host Communities in Uganda 2021/22–2024/25*. MoES.

▷ Omata, N. (2019). Contributors or competitors? Complexity and variability of refugees' economic 'impacts' within a Kenyan host community. *Migration Letters*, 16(2), 135–144.

▷ Sakaue, K. (2018). Informal fee charge and school choice under a free primary education policy: panel data evidence from rural Uganda. *International Journal of Educational Development*, 62, 112–127.

▷ UNESCO (2016). *Education 2030: Incheon Declaration and Framework for Action for the implementation of Sustainable Development Goal 4: Ensure Inclusive and Equitable Quality Education and Promote Lifelong Learning Opportunities for All.* UNESCO.

▷ UNHCR (2004). *Self-Reliance Strategy (1999-2003) for Refugee Hosing Areas in Moyo, Arua and Adjumani District, Uganda* (RLSS Mission Report 2004/03). UNHCR.

▷ UNHCR (2012). *Education Strategy 2012–2016*. UNHCR.

▷ UNHCR (2024a). *Global Trends: Forced Displacement in 2023*. UNHCR.

▽ UNHCR (2024b). *Operational Data Portal: South Sudan / Uganda*. UNHCR. https://data.unhcr.org/en/situations/southsudan/location/1925 (accessed 31 August 2024).

第六章

マラウイの初等教員政策と教育の質について

教員養成課程の改定が与えた影響を中心に

川口 純

はじめに

澤村信英先生はケニアの教育開発研究者として著名な研究者であるが、青年海外協力隊としてマラウイに派遣されていたご経験を有する。つまり、アフリカで最初に澤村先生をお迎えしたのはマラウイである。澤村先生が協力隊から帰国した後、引き続きアフリカに携わろうと思われたことはマラウイ社会としては誇らしく、大変、名誉なことであろう。実際にマラウイは穏やかな方が多く、国民の約９割が小規模農業を営み、牧歌的で温和な国民性で知られる。他のアフリカ諸国の様に天然資源が産出されるわけではなく、経済発展に資する特定の産業が発展しているわけでもない。そのため、２０２４年現在でも最貧国の１つとして認識されているが、紛争も無く、平和な国として有名である。

本章ではその様な「アフリカらしい」マラウイを対象とし、初等教育の質について主に教員の視点から検討していきたい。マラウイの財政基盤は脆弱であり、国際機関や国際ＮＧＯの援助を多く受け容れてきた国である。財政難と国民性が相俟って他者の提案を無碍にはしない文化が醸成されているため、援助側がプロジェクトや事業計画を提案するとマラウイ側が批判したり、拒絶したりすることは珍しく、前向きな態度を示すことが多い。そのため、結果的に国際的な援助潮流や関連政策を周辺国に先駆けて導入する傾向にある。

教育分野においても同様で、構造調整、無償化政策、児童中心主義、ＦＴＩ（Fast Track Initiative）、インクルーシブ教育政策など、時々の国際潮流にいち早く乗ってきた経緯がある。結果的に初等教育の量的拡大には一定程度、成功した一方で、教育の質には課題を残している。しかし、本章で議論することは、単に「マラウイの教育は質が低く、課題も多い」という単純な話ではなく、断続的に質が低下している構造的な状況について論を展開したい。特に、本章では教員の観点について焦点を当てる。国際教育協力では子どもの権利や学力の達成度など、学習者が中心的に把捉され、教員は後回しにされる傾向にある。しかし、教育の実施者は教員であり、その重要性は論を俟たないはずであるが、実際には教員の観点や教員文化が抜け落ちた教育開発の議論が多いのが実情である。この様な状況に対して本章では、少し異なる角度から教育の質に関する示唆を導出することを試みる。

また、現在の教員政策と教育の質を点で捉えて検討していくのではなく、ＥＦＡ「万人のための教育（Education for All）」の前後を中心とした経年変化を追って線で把捉することを試みる。これまでマラウイで如何に教員養成が行われてきたのか、そして度重なる教員養成の改定の結果、学校現場では何が起こってきたのかを現地調査を基に確認したい。マラウイの教員文化がいかに醸成されてきたのか、照射する期間を長目に取り、一定程度の時間幅の中で検討していきたい。

1 マラウイの初等教員政策の概要

1.1 初等教育の概況

マラウイの教育制度は独立後も英国の制度を踏襲し、2024年現在でも8-4-4制を敷いている。1964年の独立以降、初等教育の就学者数は増加の一途を辿り、純就学率も上昇してきた。特に1980年代後半にはUSAID（アメリカ合衆国国際開発庁）が初等学校の1年生への支援を開始し、UNICEFが女子児童への支援を開始するなど、国際援助機関がマラウイの初等教育に対する援助を重点化し、その影響で就学者の増加傾向に拍車がかかった（川口 2012）。そして、1994年に周辺国に先駆けて初等教育の無償化政策を導入して以降、就学者が一気に急増した（1993年：180万人→1994年：290万人、Malawi MoE 2023）。

そして、2023年現在、初等教育の純就学率は91％にまで上昇している（Malawi MoE 2023）。一方で教員の供給が児童数の増加に追い付かず、教室は児童で溢れかえった。2023年現在、1教室当たりの平均児童数は102.5人であり、1有資格教員当たりの児童数も64人に上る（Malawi MoE 2023）。未だに農村部では1教室に100人を超える児童が詰め込まれていることも少なくない。教室が不足している学校では木の下や廊下など、屋外で授業が実施されているが、複数の学年に跨るクラスを同時に教える複式学級を開講するために敢えて屋外で授業をする学校も少なくない。

マラウイの初等教育に関する先行研究を概観すると教育の量的拡大には成功した一方で、教育の質は低いとする論文が多い。ただ具体的に「教育の質」の中でも何が低いかをもう少し丁寧に議論する必要がある。例えば、教育の質を項目別に分類して概観すると「インプット（投入）の質」は改善傾向にある。その一方で「教育の内部効率性」や「アウトプット（結果）の質」は依然として低い状態が続いている。中でも、初等教育修了率は5割程度と依然として低いままである（男子46%、女子50%、全体48%、Malawi MoE 2023）。また、UNESCOが長年、実施している大規模な教育の質調査であるSACMEQ（The Southern and Eastern Africa Consortium for Monitoring Educational Quality：東南部アフリカ教育の質評価）のデータを分析しても周辺国と比べて低い数値を示している。特にアウトプットの質に関しては「最低限の読解力に達している6年生の児童の割合」、「望ましい読解力に達している6年生の児童の割合」など基本的な読み書き計算が出来ない子どもの割合は東南部アフリカの中でも最低レベルである（SACMEQ 2005）。なお、SACMEQには教員の社会性を示すデータ（児童を苛める頻度、児童をセクハラする頻度、ドラッグを使用する頻度等）も含まれるが、残念ながらSACMEQⅠ、Ⅱ、Ⅲと1990年代後半から2000年代にかけて調査実施の度に、悪化傾向にある（SACMEQ 2010）。

この様に、マラウイでは無償化政策の成果として量的拡大（schooling）には成功してきたが、教室の中では十分な学習（learning）が行われているとは言えない状況が続いているのである。ある初等教員は筆者に対して「マラウイのＥＦＡとはEnclosure for Allであった」と述べた。つまり、マラウイにおいては取り敢えず子どもたちを学校に詰め込むことには成功してきたが、ただ詰め込んだだけであり、そこでの質についてはは準備が間に合っていなかったと多くの教員が認識しているようである。特に教員の量的供給、質の改善、福利厚生等の待遇改善などに大きな課題を残していると考えている教員は多い。

1.2 初等教員養成政策の変遷

次に、就学者の急増に伴い、如何なる教員養成がなされてきたのか、その変遷について確認していきたい。必要とされた新規教員数は児童数の急増に伴い、時代とともに大きく変化した。必要とされる教員数の増加に対して、マラウイでは教員養成大学を新設して対応したわけではなく、既存の教員養成大学を活用して教員の供給量を増加させてきた。つまり、無資格教員が初等学校で教鞭を取りながら、大学の講師からは通信教育で指導を受ける遠隔地教育コースの新設で急場を凌いできたのである。背景には、新規の教員養成大学を設立するための予算不足や大学講師になる人材の不足などが挙げられている（Kunje & Chimombo 2000; Kunje & Lewin 2000）。

特に１９８０年代後半から援助機関が多数、マラウイの初等教育に携わるようになり、教員養成に関しても、短期間の養成プロジェクトを提案し、事業資金も提供した。結果的に下記の図１

のとおり、初等学校現場での教員養成を活用して教員の量的拡大が実施されてきた。

図１で示すとおり、１９６４年の独立直後は、現在、“Normal training”と呼ばれている大学での２年間の教員養成課程が実施されていた。本課程は、全て初等教員養成大学の監督下で実施されていた。本課程を修了した教員は、現在でも「２年制の教員」と自他ともに呼んでいる。そして、１９８０年代の後半に入ると、児童数が増加し、既存の２年制の養成だけでは、必要とされる教員輩出量を満たさなくなった。そのため、同時期に複数の課程が同時進行で実施される「クラッシュモード」と呼ばれる時代に入る。

それまで、マラウイの教員養成は初等教員養成大学のみで実施されていたが、１９８７年より中等学校の教員を専門に養成する機関であるドマシ中等教員養成大学においても、

図1　マラウイの初等教員養成の変遷

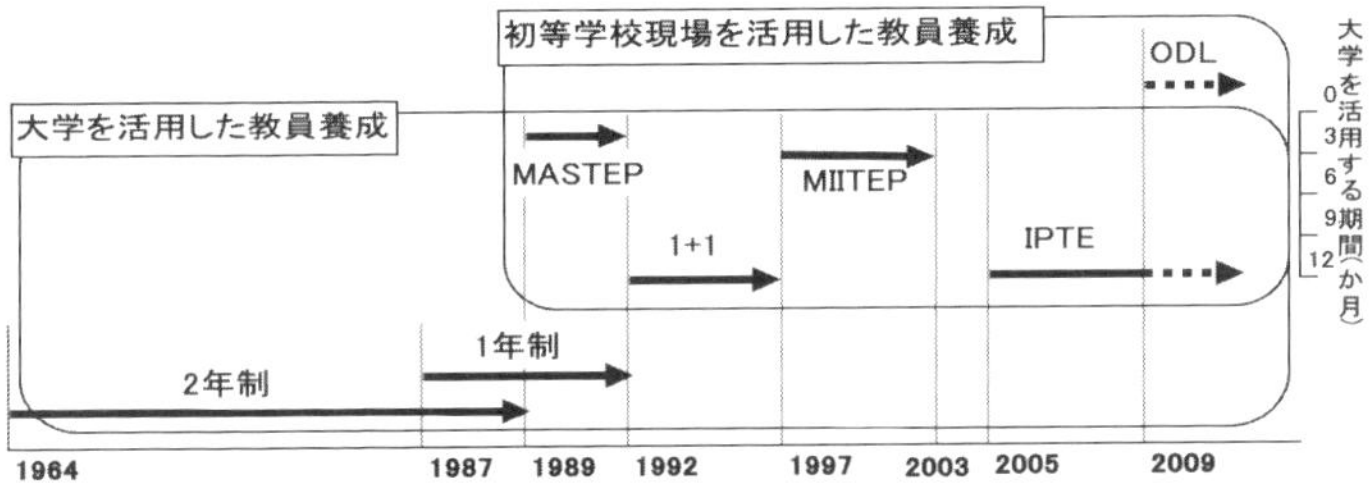

注1：MASTEP——Malawi Special Distance Teacher Education Programme（数週間、大学で教授法を中心に学んだ後に、初等学校における実地訓練をし、修了試験を受ける合計3年間の遠隔地教員養成課程）
注2：MIITEP——Malawi Integrated In-service Teacher Education Programme（3か月間、大学で教授法を中心に学んだ後に、20か月の初等学校における実地訓練を受ける遠隔地教員養成課程）
注3：IPTE——Initial Primary Teacher Education（1年間大学における訓練の後、1年間初等学校における実地訓練。現行の教員養成課程）
注4：ODL——Open Distance Learning（2009年より導入された遠隔地教員養成課程）
出所：筆者作成。

補足の初等教員養成が実施されるようになった。当該課程は、UNICEFの支援で開始された1年制の養成課程である。対象者は、無資格で初等学校において5年間の教員経験がある人材であった。特に、MSCE（Malawi School Certificate of Education：中等学校修了資格）保有者のみが養成課程への入学を認められた。しかし、当課程は5年間の実施で対象者がほぼいなくなったこともあり、1992年に廃止となった（Kunje & Lewin 2000）。

当初は、この5年間の間にも並行して初等教員養成大学において、2年制の養成課程が実施される計画であった。しかしながら、ドマシ中等教員養成大学での養成が開始された2年後の1989年には、2年制の養成課程が廃止され、英国連邦援助機関（Common Wealth Secretariat）主導によるMASTEPという新規の養成課程が導入された。MASTEPとは、Malawi Special Distance Teacher Education Programmeの略称であり、初等学校現場で授業を実施している無資格教員を対象にした3年間の遠隔地教員養成プログラムである。本課程は、ドマシ中等教員養成大学で実施されていた1年制の養成課程を補完する形で、導入された。本養成課程においては、数週間（概ね2週間）、大学でのオリエンテーション・講義を受講した後、2年半以上、初等学校現場で教鞭を執ることにより、教員免許が授与された制度である（Kunje & Lewin 2000）。大学での講義では基礎的な科目教授法に関する事項のみが、教授される。2年半以上の初等学校現場での実習中は、大学の教員による監督・指導が学期に2回ずつ、年4回実施される予定だったが、実際はほとんど実施されなかったとのことである。MASTEPは、形ばかりの養成課程であり、教員養成にはなっていないと教育現場から批判が多かった。

MASTEPが廃止になった1992年からは、1年間大学で講義を受講した後、1年間学校現場で授業を実施することにより、教員免許が授与される1+1という養成課程が追加導入された。当該課程の導入により、“Normal Training”と1年制の養成課程が廃止され、1+1に一元化された。本課程は、現行の教員養成課程の基になっているものである。1+1の課程を修了し、教員免許を取得した教員は、自分たちは「2年制の教員養成課程を修了した」としている。1994年に児童数が爆発的に急増した後は、1997年にMIITEP（Malawi Integrated In-service Teacher Education Programme）が導入された。MIITEPはDFID（Department for International Development：英国の国際開発省 ※当時）が主導した2年間のプログラムである。最初の3か月間は教員養成大学に通い、主に教授法についての講義を履修する。その後、初等学校に戻り、授業を実施する。当該授業中は、大学の教員が巡回指導を実施し、レポートの提出などが課せられる。本課程は、2003年まで続き、マラウイの教員養成課程の変遷において大きなインパクトを残した。本課程で有資格化された教員は2万1399人と非常に多く、2006年当時で、約半数の初等教員は本課程から輩出された教員であった（Kunje 2007）。

2005年からは、現行のIPTE（Initial Primary Teacher Education）が開始され、2024年現在も継続されている。IPTEは、1年+1年の課程である。対象者は、中等教育の卒業者でMSCE保有者である。しかし、マラウイ政府は、現行の課程のままでは、不十分だと考えており、2009年より、ODL（Open Distance Learning）という課程が追加で導入された。ODLは、遠隔地教育を活用した教員養成課程であり、IPTEで使用している教材と同様のものを使用して、教員養成を実施していた。

2 教員養成の対象となった「無資格教員」

2.1 誰が教員になっていたのか?

前節で確認した様に、マラウイでは援助機関主導で短期のプロジェクトが実施され、「安く」、「短期間で」、「簡単に」新規教員を大量に供給してきた。では、そのプロジェクトで新規教員となった対象者は誰であったのか。多数の教員を輩出したＭＩＩＴＥＰとＭＡＳＴＥＰの資料を確認すると、対象者は既に学校で働いている「無資格教員」が多く含まれていたとのことであった。マラウイでは１９９０年当時で、54・４％の初等教員が無資格教員であった(Kunje 2007)という記録も残されており、多数の無資格教員が国際機関の短期的なプロジェクトにより、「有資格化」されたと考えられる。

では、それ以前にそもそも誰が無資格教員として登用されていたのだろうか。現地調査で無資格教員に話を聞くと元々、当該地域において育ち、学校では「ムツゴレリ」という教員補助員をしていた人物が多いことが確認された。ムツゴレリとは、マラウイの現地語であるチチェワ語で「教員補助員(Mtsugoreli)」という意味を表す。農村部の学校には、有資格教員数が学級数より少ないという学校が多く存在した。例えば、４学年ある学校で有資格教員が１人だけ在籍している学校や8学年まである学校で有資格教員が3名という状態である。さらに、各学年に複数の学級が存在している事例も珍しくなかった。そのため、低学年を午前、高学年を午後というような二部制、三部制を採用しても、教員が絶対的に不足していた（Kunje 2007）。

このように絶対的な教員不足に鑑み、地域住民が地域の有為な人材を「無資格教員」として雇用していたとのことである。無資格教員は月に$10～$15程と有資格教員の3分の2程であるが、給料は政府から支給されていた。教員住居は、無資格であっても、有資格であっても当時は、地域によって建設されることが慣習になっていた。無資格教員であっても、新たに教員を雇用するということは地域にとっても、政府にとっても一定の負担になり、何人でも無制限に雇用出来るものではなかった（川口２０１６）。

そのため、少なくない無資格教員を雇っても尚、教員を補填する必要性に迫られてムツゴレリ制度が誕生したのである。ムツゴレリ制度とは、基本的に児童のリーダーが任命される。教員がその学級に存在しないときに、代替教員として授業を行う児童を指す。男子のムツゴレリは児童のリーダーであり、全員が指示に従うような児童であった。日本の学校に置き換えると学級委員のような存在である。ただ日本の学級委員は、成績が良い児童、つまり比較的頭脳明晰な児童が選ばれる傾向があるが、ムツゴレリの場合は頭脳よりも指導力が重視された。つまり、昔の日本のガキ大将的な存在をイメージする方が学級委員よりも近い。

ムツゴレリに選出された児童は、学校の風紀を管理する役目が与えられた。休み時間でも鞭代わりに木の枝を持ち、騒いでいる低学年の児童たちを追い払うことや、指導することが任務として与えられていた。このような風景は、現在でも農村部では頻繁に確認される。ムツゴレリは、各学校に1人というわけではなく、複数名存在する場合や、交代制を取る学校も存在したとのことである。学校でのリーダーであったムツゴレリがそのまま無資格教員として地域に雇用されていた事例が多いとのことであった（川口 2016）。

2.2 教員政策の変更が地域と学校の関係に与えた影響

右記の通り、1990年当時のマラウイの教員の内、半数以上が無資格教員であった。つまり、資格を持っていない教員の方がマラウイの初等学校では長らく多数を占めていた事になる。しかしながら、ムツゴレリから無資格教員に登用されるシステムは90年代に衰退した。なぜなら、マラウイ政府の方針で、無資格教員の採用が廃止されたためである。マラウイ政府の方針転換の背景には、EFA会議を契機に国際社会の関心が途上国の初等教育に集まったことがある。国際社会は多くの「訓練された教員」が必要だというメッセージをマラウイ政府に与えた。そして、教員不足が国際機関から指摘され始めると「無資格教員ではなく、有資格教員を育成しなければいけない」という認識をマラウイ政府に与えた。そして、無資格教員は1997年より、採用禁止になった。つまり、地域住民にとっての「元ムツゴレリのムプンズィッツァー（先生）」は、国際社会によって「無資格教員」と属性を変更されたのである。そして、児童の教育のためには、この無資格教員を有資格教員へと「改善」することが必要とマラウイ政府に認識されたのである。

この様に90年代にマラウイの初等教育は、無償化の影響を受け、一気に就学者数を増加させるが、その裏で「無資格教員の登用」という地域が学校を支えるという仕組みを失った。この無資格教員の登用制度は、地域住民にとって教員不足を地域で補うという側面に加えて、地元の有為な人材に職を与えるというセーフティーネットの意味合いもあった。そのため、地元で家庭を持った若くて無職の男性が多数、登用された。当該男性の何割がムツゴレリであったかは不明だが、元ムツゴレリが登用されやすい環境であったことは確かである。

しかし、この様な無資格教員の登用制度も廃止され、結果的に、地域が教員の雇用に携わる機会が減少し、教員の方も地域に雇用されているという認識を持つ人は少なくなった。そして、徐々に学校から規範が失われ、地域と学校に距離を作る一因となった。この距離が、マラウイの教員の社会性が低下した遠因であると考えられる。

3 教員から把捉した教員政策の変遷

本節では、これまで筆者が現地調査において、教員から聞き取りをした意見に含まれていた教員政策についての教員の評価や考えを基に論を進める。

3.1 教職の社会的価値

現地調査において、多数の教員から教職の社会的価値について危惧を抱いている旨を伺った。中でも多く聞かれた意見は、度重なる教員養成課程の改定をした影響で、教職の社会的価値が低下してきたという意見である。特に、2年制の大学を修了して教員になった人たちからすると安易な有資格教員の増加を目的とするプロジェクト（MASTEPやMIITEP）の導入により「教員資格の基準自体を下げる事になった」と判断していた。そして、教員資格の基準を下げたことにより、教員の社会的価値を貶めたという意見が複数、聞かれた。大学での養成課程を修了した教員からすると、自身が費やした機会費用や直接費用を考慮して「誰でも教員になれる」状況には、腹立たしい感情がどうしても生じてしまうようである。実際には誰でも教員になれるわけではなく、教職は現在でも多くのマラウイの方にとって非常に魅力的な職業である。ただマラウイは狭いコミュニティが維持されている嫉妬社会であり（川口 2010）、特に農村部においては今まで自分の部下のように扱っていた無資格のムツゴレリ教員が、急に簡易な養成課程を修了しただけで教員になり、簡単に都市部に異動していく様子は、既存教員にとって面白くないのは事実であろう。これまでの教員養成課程の改定を概観すると、政府は単に教員の質を落としただけではなく、教職の社会的価値を落としてきたことを問題視する必要があるだろう。政策の変更は「誰でも教員になれる」というイメージを社会に植え付けた。中等学校を中退した者が次から次へと有資格化されたという事実は、既存教員には面白くなかった。また、給料が（相対的に）低くなってきたことも魅力を低下させる一因になっている。物価上昇に比して教員給与は上昇していない。背景には単にマラウイ政府の財政不足という側面があったが、教員からすると誰でも教員になることができるような政策の影響で自分たちの給与が低く据え置かれたと考えたのだろう。

3.2 教員養成課程の中身と学校現場（需要者側）のニーズ

次に、国際機関主導で導入された教員の有資格化プロジェクト（MASTEPやMIITEP）の養成の中身について検討していきたい。既存教員の嫉妬や教職の社会的価値とは異なる視点で、有資格教員が如何なる教員養成を受けて教員となったのか、その養成内容と学校現場のニーズに整合性があるのか確認していきたい。

MASTEPやMIITEPでは前述の通り、学校現場での実践が主であったが、短期間の大学でのスクーリングも行われた。大学でのスクーリングでは教授法について教えられた。しかし、対象となった元ムツゴレリを中心とする無資格教員は、教え方よりも、科目に関する知識を求めていた。元ムツゴレリである以上、マネジメントスキルは高く、子どもたちを統制する能力には長けていた人物が多かった。一方で中等学校を中退したため、科目に関する知識は十分に備わっていない無資格教員が多かったとのことである。

しかしながら、当時、援助機関側は教授法が中心のカリキュラムを重要視していた。マラウイだけではなく、世界的に推奨されていたことだが、教授方法に関して、教師中心型の授業ではなく、児童中心型（Learner-centered）の授業を実施する様に教育改革が推進され、関連の事業も多く実施されていた。そのため、80年代以降に導入された教員養成課程のカリキュラムでは、児童中心型・活動参加型の2点が中心になっている。大学で講義を受ける期間が短かったMASTEPやMIITEPでは、教授法のみがカリキュラムに組み込まれている。つまり、教え方のみを重視して、科目内容に関する知識を増やすということは、考慮されなかったのである。

反対に考えれば、科目に関する専門知識を重視してこなかったために、学校現場での教員養成が重用されたとも捉えることができる。しかし、児童中心型の授業は教師中心型の上位に位置付けられる教授方法である。科目に関する専門知識が十分に無く、教師中心型の授業ですら満足に実施できない教師が、児童中心型の授業を実施するには無理が生じる。その様な教員が児童中心の授業を実施しようと試みても形式上、児童中心の授業をしているだけであり、本来の目的である児童の主体的な学習態度や能力を養うことに結び付いているかは疑問の余地が残る。また、教員が十分な科目の専門知識を持たずに教壇に立つと教員自体のモチベーションに影響することも確認されている（川口 2012）。

当然のことながら、教員養成課程をどこで実施するか、という養成機関の問題とカリキュラムの問題は切り離して考えるものでなく、包括的に検討されるべきである。しかしながら、学校現場を中心とした遠隔地教育で教員養成を実施しようとすると薄い指導しか出来ずに、じっくりと科目に関する知識が教えにくいことは事実である。実施機関や予算、指導者といった周辺的状況が整合性の無い教員養成を実施させたのではないだろうか。

4 課題と今後の展望

4.1 国際援助機関による教員軽視

教育の問題を考える際、「最後は全て教員に辿り着く」と言われるが、マラウイの事例を検証して分かるように、教員は児童よりも後回しにされる。特にマラウイの様な最貧国において、急激に教員が必要になった際には見かけの数合わせが重視され、拙速な量的拡大が優先されてきた。この様な政策潮流は何もマラウイに限ったことではなく、他の途上国でも確認される。

１９９０年代にＤＦＩＤが主導した現職教員研修を活用した教員の有資格化プロジェクトは少なくとも8か国の途上国で実施されたことが報告されている。サセックス大学の研究では、この様な教員養成は「費用対効果」が高いとされてきたが、果たしてここで言う「効果」とは何を指すのか。教育効果なのか、プロジェクト効果なのか、不明瞭である。

学習者中心主義の教授法は確かに重要だが、科目に関する知識が十分にない教員に対して実施を求めても難しい。まずは科目に関する知識、理解を深めて一斉授業がきちんと自信を持って出来るようにする。その上で、児童中心主義を求めることが出来るのではないか。マラウイの教員政策を把捉すると児童中心の教育政策が強調され過ぎて、その前の教員が軽視されてきたのではないか。児童に配慮した教育政策は否定されづらい。しかしながら、教員が軽視されたのでは結局は高い質の教育は期待出来ない。いくら見かけの児童数対教員数の割合を改善したとしても、授業科目に関する知識を持たない教員ばかりを増加させてもあまり意味がない。もちろん、大学での養成課程のみで全てを完結させることは不可能で、教員になった後も学び続けて良い教員へと成長していくことが理想であろう。しかしながら、マラウイの様に教員養成課程の度重なる改定の影響で同僚性の文化まで損なわれた国においては、教員研修が自発的に実施されることも難しくなったのではないか。

そして、公立校の教員の離職率を示すデータを経年変化で追うと2000年以降、少しずつ上昇している（Kunje 2007）。一方で私立校の教員数は増えている。つまり教員の公立学校離れが起きているのである。そして、教員だけでなく、合わせるように子どもも公立学校離れを起こしている。マラウイでは特に2000年以降、非正規課程の学校が増加している。私立校だけでなく、地域や財団が運営するような小規模な学校も増えている。

教育の民営化については柔軟なカリキュラムの実施や公的資金の抑制などメリットも一定程度、確認される。その一方で、義務教育段階において公立学校が果たすべき役割も軽視してはいけない。教員免許の基準や社会的価値も含めて、公的に政府がコントロールすべき面は大きい。予算不足の一因により、民営化を促進し過ぎてはいけないだろう。義務教育とは国家の根幹を成す部分に影響を与えるため、援助機関側もその辺りは重々、留意しながら国際教育協力に当たるべきである。

4.2 教員養成を通じた教育文化の醸成

次に教員養成の役割、位置付けについて改めて検討したい。教員養成には新規教員の輩出、教員免許の付与という一義的な目的はあるが、他の目的としては、教員と教員養成大学の学生間や学生同士の相互作用の中で行われる教員個人としての資質能力の向上であり、全体としての教育文化の醸成・発展がある。

つまり、教員養成大学でわざわざ教員養成を実施するということは、個人ではなく、集団で教育文化を創り上げていく「場」を設けるということである。現在の教育開発における教員養成論は、いかに低コストで多くの教員を輩出するか、という議論が中心であり、本来の教員養成大学が教員養成のために果たすべき役割についての議論は浅薄である。例えば、シュプランガーが述べる様な「教員養成課程のプロセスにおいて最も重要なことは、教員自身の人格陶冶が為されることである。そして、教員養成大学内でその陶冶財が融合し合い、教育文化醸成がなされなければならない」(Spranger 1957=1919) という認識が広く共有され、その上でもやはり、学校現場での教員養成が必要だとしているのか、若しくは、ただの数合わせの論理で学校現場に移行させているのか、疑問が生じる。また、そもそものマラウイの教育目的が、陶冶と訓育のバランスの取れたものになっているのか、改めて検討が必要である。教育のアウトカムや目的を児童の学力増進だけで測ると、教員が知識伝達の道具と化されやすく、教員養成が数合わせの議論に終始してしまうことに繋がりやすいのではないか。

前述のとおり、数合わせの議論を基に養成された教員は単に質が低いだけでなく、教職の社会的価値の低下など、様々な副次的影響を及ぼすことが危惧される。学校で勤務し出してからの同僚性の醸成にも影響を及ぼしている。教員同士の学び合いや教え合いはマラウイでは本来、上の教員から下の教員へと学校内で自然に行われていた様だが、過去20年〜30年の教員政策の影響で、同僚性が大きく損なわれている。この様な状況に対して、また教え合いを再開するように奨励しても即座には困難であろう。校内研修や授業研究などを制度化して、徐々に本来の同僚性を取り戻していく努力が求められるのではないか。

おわりに

本章ではマラウイの教育の質について教員の観点から検討してきたが、主たる養成機関を教員養成大学から学校現場に移してきた事により、長期的に考慮すると、却って負の影響が大きかったのではないかという示唆を得た。確かに、教員養成課程の改定により児童数対教員数は数字上、一時的に改善した。しかしながら、教員養成課程への入学要件を下げ、養成課程の内容も教授方法を中心としたものに変更したために、新規有資格教員の質が低下した。そして、長期的に捉えると、教職の社会的価値が低下した。その結果、既存教員の教職に対するモチベーションが低下し、教員、保護者、児童の公立学校離れが起きていると考えられる。この様な悪影響がさらなる教育の質低下という悪影響を呼ぶ悪循環を創出し、長期間に渡り、悪影響を増幅させていくのではないだろうか。
つまり、これまでのマラウイの教員政策を検証すると単に教員の質が低下し、教育の質が低下したという単純な話ではなく、断続的に質が低下し続ける構造が生成されたという危惧を持つ。その構造的な問題に対応するためには、対症療法的な対応ではなく、中長期的なビジョンを持ち、遠回りに思えるかもしれないが、マラウイの教育文化を、教員養成を中心として時間と労力をかけて着実に醸成していくことが必要なのではないだろうか。

付記
本章の作成に当たっては澤村信英先生が代表の科研費（基盤研究A「22252006」、挑戦的萌芽「24651273」）で何度もマラウイで現地調査をさせて頂きました。その内、1回は澤村先生とマラウイにご一緒させて頂きました。ここに伏して御礼申し上げます。本当にどうも有難うございました。

参考文献
▽川口純（2010）「マラウイにおける教員養成課程の変遷に関する研究――教員の社会的地位とモチベーションに注目して――」『比較教育学研究』41号、138-157頁。
▽川口純（2012）『教員養成課程の改定が教員の質に与える影響について――マラウイの初等教員養成政策を事例として――』早稲田大学大学院アジア太平洋研究科博士論文）。

▽川口純（２０１６）「マラウイの「無資格教員」に関する一考察――誰が、なぜ、雇用されていたのか」『アフリカ教育研究』７号、１０５-１１７頁。
▽Kunje, D. (2007). *Teacher Issues in Malawi*, Malawi University.
▽Kunje, D. & Chimombo, S. (2000). *School-based Training Under MIITEP*. MUSTER Occasional Paper No 12, CIE: University of Sussex.
▽Kunje, D. & Lewin, K. (2000). *The Costs and Financing of Teacher Education in Malawi*. MUSTER Discussion Paper 2, CIE: University of Sussex.
▽SACMEQ (The Southern Africa Consortium for Monitoring Educational Quality) (2005). *SACMEQ country report*. Malawi, UNESCO.
▽SACMEQ (The Southern Africa Consortium for Monitoring Educational Quality) (2010). *SACMEQ country report*. Malawi, UNESCO.
▽Spranger, E. (1919). *Kultur und Erziehung*.（＝村井実・長井和雄訳（１９５７）『文化と教育――教育論文集』玉川大学出版部）。
▽Malawi MoE (Ministry of Education) (2023). *Basic Education Statistic Malawi*: MOE Lilongwe Malawi.

第七章
ウガンダの月経対処支援とシニア・ウーマン・ティーチャー
生徒の視点、教員の視点

杉田映理

はじめに

生理が始まったことに気付いたので、先生に許可をもらって家に帰らなければなりませんでした。私は何も（生理用品を）持ちあわせていませんでした。漏れるのが心配だったし、染み出たりしたら笑われるだろうと思いました。（ウガンダの女子生徒K）

これは、筆者がウガンダ東部での調査中に聞いた、中等学校の女子生徒Kの語りである。他の生徒や、あるいは文献に見られる調査結果（Miiro et al. 2018など）からも、このような想いや経験をしている思春期の女子が、ウガンダに限らず世界に多くいる。月経をめぐって困難を抱えている状況が、女子教育の阻害要因になっていると認識されたことを契機に、月経対処への支援が広がり始めたのが2010年代のはじめである。今や、月経は、国際開発における課題の一つとなっており、「月経衛生対処（menstrual hygiene management: MHM）」あるいは「月経をめぐる健康（menstrual health：MH）」という表現が、その略語とともに国際開発の用語となっている（杉田 2020、杉田・新本 2022）。

MHMの支援として、生理用品の配布や月経教育を行うNGOは急速に増加している。筆者が調査をしていた農村の学校でも、NGOから布ナプキン何枚かと石鹸が入った巾着を配布されたり、生理用品の会社の社員が来て女子生徒に月経教育が行われたりしていた。その一方で、学校における女子生徒への支援の持続性を担保するにあたって、教員の巻き込みは不可欠なはずである。生徒たちに日々接している教員による月経対処への支援の役割は大きいのではないか。

本章では、ウガンダに焦点をあて、学校における女子生徒のMHMの支援に、どのような教員がどのように関わっているのかを探っていきたい。特に、MHMが国際的にもウガンダ国内でも政策化される中で、「シニア・ウーマン・ティーチャー」という名称で知られる教員に着目をする。

1 背景——MHM支援の潮流とウガンダにおける文脈

1.1 国際的な動向

月経は、思春期以降の「女性[1]」なら誰もが経験することとして、異常がない限り健康課題として捉えられてこなかった。月経の対処が国際開発の課題となった契機は、冒頭で示したように途上国の女子生徒たちが月経期間中に学校を欠席するなど、月経が女子教育に負の影響を与えていると認識されたことであった。例えば、エチオピアにおける研究では、女子生徒の54・5%が月経中であるために月1~4日を欠席しており、初経以降、学力が低下したと自認している女子生徒は39%に及ぶという結果が示された（Tegegne & Sisay 2014）。女子生徒たちが月経対処を適切に行えず、ストレス、欠席、中途退学など、教育面での悪影響をもたらして教育機会が減少し、一方で感染症や病気のリスクも高まることが指摘されている（Kearon 2021）。

月経が原因で学校を休む、と聞くと月経痛（生理痛）や月経前症候群（PMS）が原因だと想像する読者が多いのではないだろうか。途上国で月経対処が適切に行えない原因だと指摘されたのは、生理用品が家庭でも学校でも入手しにくいこと、経血に対処する代替品を使用することへの文化的抵抗感があること、学校のトイレが未整備

写真1　あるウガンダの初等学校のトイレ／筆者撮影（2018年3月）

あるいはプライバシーが確保されていない（例：写真1）ために学校での経血対処が難しいこと、長い（主に徒歩での）通学時間が経血の漏れの可能性を高めることなどである。さらに、月経がタブー視されるため公の場や家庭でほとんど語られることがない、学校でも月経についての知識を得る機会が十分にない、加えて文化的慣習によって月経中の行動に様々な制約がかかる、――このような実態が多く報告されている（例えばKuhlmann et al. 2017）。

女子教育の推進、ジェンダー間の教育格差の解消は、国際開発の教育セクターで長く目標とされてきたことであり、学校における給水・トイレの環境の改善は、水・衛生セクターで既に課題とされてきたことであった。こうした国際開発の流れから、月経をめぐる問題を乗り越えて目指すべき状態としてMHMが提示されたのである。UNESCO（2014）はMHMを定義するにあたって、8つの要素を掲げている。①正確で時宜を得た月経に関する知識、②安全かつ手ごろな価格で、入手可能な生理用品、③安全かつ衛生的でプライバシーが確保されたトイレと、手や体を洗うための設備、④生理用品の安全で衛生的な廃棄、⑤月経に関する知識を持ち安心して話せる教員やヘルスワーカー等の専門家、⑥保健サービスへの紹介とアクセス、⑦月経に関するポジティブな社会規範、⑧月経に関するアドボカシーと政策、である（UNESCO 2014を元に筆者訳および補足）。

国際機関やNGOによるプロジェクトでは、月経に関する啓発活動、生理用品の配布、月経教育の普及、そしてトイレ整備等が展開されている。生理用品については、使い捨てナプキンや布ナプキンを新素材で開発する企業や、月経カップの利用法を指導しながら配布するNGO、使い捨てナプキン用の小型焼却炉や布ナプキンを少量の水で洗えるポータブル洗濯機を開発する社会起業家などが現れ、各種のイノベーションが起きている分野にもなっている。こうしたMHM支援をめぐる動きは、世界的なうねりとなり、アジェンダ化されて10年ほどたった現在も、むしろその速度を上げて広がっている。

1.2 ウガンダにおける特殊な文脈

ウガンダも、このようなMHM支援の国際的な潮流の中にある。しかし、ウガンダにおける文脈を考えるとき、特筆すべきことが2点あると筆者は考えている。1点目は、MHMに関連する、あるいはそれに先んじる動向がかなり早い段階から見られたことである。そして2点目は2016年以降数年にわたってMHMが政治化されたことであろう。

まず、早期の動きとして、2008年にはウガンダ有数の大学であるマケレレ大学がパピルスの繊維からできた生理用ナプキンを開発している。これはUNHCR等による支援を受けて開発されたものであり、納品先もUNHCRや国際NGOであった。また、再利用可能な布ナプキンを作製し、アフリカを中心に40か国以上で事業を展開している社会起業家が、2010年に最初に拠点としたのもウガンダであった（Crofts 2010, Afripads 2024）。いまや、環境配慮の観点から生分解性の使い捨てナプキン[2]や再利用可能な生理用品の開発は、フェムテックの旗の下で世界的なトレンドとなっているが、その先駆的な事例がウガンダで見られたのである。

また、ウガンダ政府も教育省を中心に先進的な取り組みをしていた。2013年には教育省が国際NGOの協力を得て月経教育用の副読本を作成し、その翌年に発行している（杉田2022）。さらに、2014年には、世界初となるMHMに関する国際会議がウガンダで開催され、2015年にはウガンダ国会で「月経衛生対処憲章」なるものが承認されている。

第2の点である「政治化」とは、ムセベニ大統領（1986年以来再選を繰り返し現職）が、2016年の大統領選の際に、女子生徒に生理用ナプキンを無償配布すると公約したこと（Wesonga & Oketch 2015）、さらにそれを実現しなかったことを公約違反だとして、女性アクティビストが猛烈に非難して「炎上」したことである。そのアクティビスト、ステラ ニャンジ氏は、マケレレ大学の研究者でもあったフェミニストであり人権活動家である。SNSなども利用しながら大統領と、2016年6月から教育大臣に任命されていた大統領夫人を批判した。その後、ニャンジ氏は大統領を侮辱したサイバーハラスメントの罪で数度投獄され、現在はドイツに亡命している（Pen America 2024）。ニャンジ氏による生理用品に関する批判は、大統領に対する批判の一部でしかなかったが、ニャンジ氏に関してマスメディアでも報道されたことで、生理用品が女子生徒に配布されるべきであるとの認識が広まったと言える。

2 学校におけるＭＨＭと教員の位置付け

2.1 学校におけるＭＨＭ支援

ＭＨＭ支援の対象は、国際的には難民キャンプや女性グループなどである場合もあり、必ずしも学校だけに限定されるものではない。しかし、国際アジェンダ化した系譜もあって、支援の主な対象者は女子生徒であると言える。

ＭＨＭがウガンダ政府によって課題視されはじめた頃に実施された国勢調査（National Population and Housing Census）によると、２０１４年のウガンダにおける初等教育（Primary School 7年間）の純就学率は、男子79・８％、女子80・８％であり、むしろ女子の就学率の方が高い（ジェンダー・パリティ指数：ＧＰＩは１・01）（ＵＢＯＳ ２０１７）。ウガンダでは、１９９７年に初等教育無償化政策（Universal Primary Education: UPE）が導入され、特に女子の就学率などの向上に正の影響があったことが明らかにされている（Nishimura et al. 2008）。一方で、同年の中等教育の純就学率は、男子42・８％、女子38・１％であり、ＧＰＩは０・90となっている。ウガンダ政府は、２００７年には中等教育無償化政策（Universal Secondary Education: USE）も実施しているので、ＧＰＩが転じる原因を学費[3]のみに求めることはできないだろう。

思春期の女子が学校へ行かなくなる様々な理由がある中で、ウガンダにおいても、月経がその主な原因の一つだと指摘されている（Miiro et al. 2018; MOES 2020）。女子生徒が直面する問題として、初経前の知識や準備が不十分であること、月経に関するトラブルがあっても助けを求めようとしないこと、月経中にその対処を行うことができない学校の物理的環境などが挙げられている（Ssemata et al. 2023）。

先述の「月経衛生対処憲章」の採択を受けて、教育・スポーツ省は、２０１５年に、各県の教育局や全国の小中学校長に対して月経対処の支援をする通達を出している。その内容は、学校は男女別・障害者用トイレと手洗い施設を設置し、緊急時用（学校にいる間に月経が始まって経血が漏れてしまった時）の制服の着替え・下着・生理用ナプキン・腰に巻く布・鎮痛剤を用意し、月経に関してサポートする女性教員（シニア・ウーマン・ティーチャー）を配置すべきだとしている。政府の予算措置はしないながらも、こうした「高邁な理想」を政府が掲げて旗を振ることで、国際機関やＮＧＯなどの支援が入りやすくなっていると言えるだろう。現に、筆者が主にフィールドワークを行う農村でも、冒頭に示したように外部支援団体による生理用品の配布や、月経教育の支援が学校に入るケースが多く見られる。

ＭＨＭ／ＭＨについてのモニタリングを実施しているＷＨＯ＆ＵＮＩＣＥＦ（２０２３）によれば、学校の教員は、正確な情報を提供し、生徒を支援する環境を作る上で重要な役割を担っているはずであるが、教員に対するトレーニングの状況を示すデータは把握されていない。研究面でも、ＭＨＭに関する文献の多くは、教師の役割を見過ごす傾向がある（Ssemata et al. 2023）。そこで、次節では、ウガンダの学校において、月経に関するサポートをすることになっているというシニア・ウーマン・ティーチャー（ＳＷＴ）について見ていきたい。

2.2 ウガンダのシニア・ウーマン・ティーチャー

ウガンダの初等学校および中等学校には、SWTとシニア・マン・ティーチャー（SMT）と呼ばれる教員がいる。学校において、女子生徒、男子生徒が直面する特有の課題に対処するために、既存の教員の中から指名される。学校での学習面だけでなく、たとえば、女子生徒の妊娠、早期結婚、経済的困難など、女子生徒の抱える問題の対応にあたるのが、SWTとなる（Okudi 2016）。2007年のUSEの導入に伴ってその重要性が増したと言われており、女子と男子の中等教育への就学率と定着率を高めることに貢献することが期待された。2009年にウガンダ教育・スポーツ省が発行した「教育機関の基本要件と最低基準指標」には、SWTとSMTを各学校に配置すべきであることが明記されている（MOES 2009, p14）。

SWTは、地域によっては「センガー（senga）」とも呼ばれる（椎野・カルシガリラ 2022）。センガーとは、ウガンダの主要民族であるガンダの言語で「父方のオバ」を意味する。伝統的に、女子の性教育を担ってきたのがオバである。また、センガーは、親族名称である一方で、親族であるかのような親しみをこめた一般的な呼称として用いられる。学校のセンガー／SWTは、地域社会と学校をつなぎ、伝統的に性教育を担ってきたセンガーのような存在とも言える（椎野・カルシガリラ 2022）。

しかし、SWTの職務内容は明確には定められておらず、養成プログラムがあるわけではない。研修も国際機関やNGOが一部の教員に対してアドホック的に行うのみである。さらに、活動予算や超過勤務に対する給与もなく、他の教員や地域社会からほとんど支援を受けられないことが指摘されている（Okudi 2016）。ある調査で、学校関係者、政府関係者およびNGOを対象に、SWTの役割について聞き取りを行ったところ、カウンセラー、擁護者、ロールモデル、保健の教師、スキルを指導する教師という像が浮かび上がった（Okudi 2016）。

さらに、政府が新たな取り組みを打ち出すと、SWTは次々に責任が追加されることになる。例えば「学校における子どもへの暴力に関する報告、追跡、紹介、対応（RTRR）ガイドライン」（MOES & UNICEF 2014）が発行されると、SWTは、暴力やいじめを受けた生徒の話を聞き、治療やカウンセリングなどのサポートを行い、状況を報告するといった役割を付与された。

SWTおよびSMTの存在が重要だとされながら、職務が曖昧だと批判されていたことに応える形で、その役割や責任の明確化を目的とした「ウガンダにおけるSWTおよびSMTの役割と責任遂行のためのガイドライン」をウガンダ政府は2020年に策定した。その内容を見ると、資格としては、教員免許を有するもので5年以上の教員経験のあるものと定められている。また、求められる能力としては、生徒との対話スキル、指導とカウンセリングのスキル、英語能力、現地語およびその他のコミュニケーション手段の基礎知識、リーダーシップ・対人関係能力・誠実さを備えていること、とされている（MOES & UNICEF 2014）。非常に理想的なクライテリアだと感じざるを得ない。一方で、役割として列挙されているものは、10項目におよび、その一つにMHM支援も含まれる。また、上記に挙げた暴力被害に関する報告や、月報などのペーパーワークの責任も担わされることが示されている。

SWTたちの能力強化のために、様々なトレーニングが提案はされているものの、制度化はされておらず、活動費については「特別な予算の割り当てはない」（MOES 2020, p.13）と明示されている。SWTたち自身と校長が他のステークホルダーと連携して資源動員を図ることが求められているのである。

3 調査の方法

本研究では、SWTとはどのような教員で、どのような役割を担い、女子生徒のMHM支援にどのように関わっているのか、実態を探るために現場の教員と女子生徒（卒業生を含む）を調査対象者とした。本章で扱う事例は主にウガンダ東部の地域の学校である。本章で言及される学校は、公立のB中等学校、M中等学校、NGOが運営する私立のW中等学校、それに加えて公立の初等学校がH校とN校、の合計5校である。

インタビューは、SWT教員2名（B校とM校）、男性教員2名（W校とN校）、卒業生2名（1名はH校とB校の卒業生、もう1名はM校の卒業生）に対して行った。また、生徒の声としては、卒業生へのインタビューのほかに、2019年に筆者が両校を訪問した時に実施した質問票調査（B校69人、M校94人、合計163人）とB校で実施したフォーカス・グループ・ディスカッション（FGD）の結果も参照している。なお、男性教員と卒業生2名については、2024年の7月から8月にかけてZoom等を用いてインタビューした結果を含んでいる。

4　調査結果——シニア・ウーマン・ティーチャーと月経対処支援

4.1　シニア・ウーマン・ティーチャーの資質——どのような人がなるのか

筆者が現地調査した学校だけでなく、言及されたすべての学校で、その規模の大小にかかわらずSWTは各校1名だった。その任命方法は、おおむね2つの方法が見られた。第一のパターンが、校長もしくは理事長などのトップが「適任者」を指名する方法である。第二のパターンは、学校運営委員会（日本のPTAに類似しているが、地域代表のメンバーもいる）で、話し合って、どの先生がよいか決めるという方法である。いったん任命されたら、定年あるいは転出までは同じ人が継続することになるという。

教員であること以外に、特別な資格やトレーニングが指名される時の要件になってはいないようであった。国際NGOが支援するW校の男性教員Eは、SMTになってから、PEASという国内NGOが提供する集中プログラムに1か月参加したと言っていたが、地方にある公立校では、トレーニングについての言及はなかった。教員として教えている科目も、特に関係はなかった。

SWTにいわゆる資格要件はないが、年齢がある程度高いことが適任者だと見なされる要素であった。どういう人が選ばれるのかという筆者の質問に対し、初等学校男性教員のSは、「まず年齢。それからこの地域に長くいて、生徒のこともよく知っている人」と回答した。別の教員

Eは、「ウガンダでは、年長者を敬うという文化があります。『古い箒が一番よく埃を掃いてくれる』という諺がウガンダにありますが、年を重ねたことで付けた能力があるのだろうと思います」と説明した。年長者、といっても今回聞き取りの中で言及されたSWT（のべ7名）は30代後半から、来年60歳で定年を迎える人まで幅があった。

また、卒業生Jが「生徒とどれだけオープンに交われるかが重要な資質」だと言っていたように、生徒が信頼し、相談しやすい教員であることがSWTの要件であることが異口同音に聞かれた。卒業生Oの語りを見ると、SWTがどのような人物なのか分かりやすい。

私の高校のSWTはとっても厳しい先生でした。私が髪を伸ばし過ぎだと、よく怒られて叩かれました。でも、何か起きてもその先生のところに行けば、話を聞いてくれるオープンな人でしたね。話しかけやすくて、冗談も言う。生理用ナプキンのことも、本当に困っている生徒には陰で何とかしようとしていたと思います。（卒業生O）

SWTを自分の同僚メンターだったと語る若い男性教員Eは、「生徒はみんなSWTをとても尊敬していました。あらゆる面で女子生徒にとってのロールモデルで、人柄、清潔さ、服装、謙虚さ、時間の正確さ……敬虔なクリスチャンでもあります」と称賛していた。

一方で、すべてのSWTがそうした資質を持ち合わせているわけではないようだ。公立初等学校で来年定年を迎えるSWTについて、「1回任命されるとクビにするわけにはいかないから」と教員Sは口を濁していた。「そのSWTを怖いと感じている生徒は、自分が慣れている先生のところへ行って、その先生からSWTに話がいく、などということも」（教員S）あるという。B校でのFGDでも「SWTはフレンドリーな人であるべきです」と生徒たちは不満を漏らしていた。中等学校になると、女性の教員数は限られることもあり、B校のSWTは比較的若く、筆者に対しても口数の少ないタイプであった。生徒の性格との相性も関係するのだろう。「シャイな子や意見を言えない子にとっては、アプローチしにくい先生だったかもしれません」と、自らはSWTと信頼関係を築いていたという卒業生Oは言及していた。

4.2 シニア・ウーマン・ティーチャーの役割

現場の教員や生徒から見て、SWTはどのような役割を担っているのだろうか。初等学校のSWTは「女子生徒の面倒を見ることが主な役目」だという。大規模中等学校M校のSWTは、教科ごとの職員室とは別に、カウンセリングルームにも席を持っており、悩みを抱えている女子生徒のカウンセリングをしたり、成績不良の生徒の指導を行ったりしている。さらに、キリスト教系の私立学校W校のSWTの役割は次のように説明された。

（SWTの役割は）精神的な（spiritual）な面を支えることです。つまり、生徒として他の人と仲良く過ごすこととか、神を礼拝することとか。それに加えて、保健について教えることです。

そして生徒と個別に話をして、生徒と親の間の調停をするとか、生徒の要望を学校の事務方に伝えるとかもします。それから寮制の学校の場合、生徒はずっと学校にいるので、（SWTは）夕方に生徒を集めて、励ましの言葉をかけたり、生徒が抱える問題について話し合ったりもします。（教員E）

保健教育の実践は、SWTの大きな役割の一つのようである。「毎月の最終金曜日にセッションがあって、女子生徒だけを集めて、生理用ナプキンの使い方や、下着の洗い方、早期妊娠の危険性、禁欲の方法、HIVの危険性……、そういった生活に関する教育をうけた」（卒業生O）という。初等学校でも、性教育が行われており、女子生徒にはSWTが、男子生徒にはSMTが「ABCD」を教えるそうだ。「第1の選択肢はAbstain（禁欲）、パートナーができたらBe faithful（誠実に）、第3の選択肢としてCondom（コンドームの利用）、さもなくばDeath（死）がやってくる」（教員S）と教えるのだそうだ。ウガンダは、90年代にエイズによる死者を多く出し、小中学校でもHIV・エイズの予防教育が実施されたが、その名残であろう。

加えて、生徒の生活状況を把握して報告書をまとめる仕事もあるという。大規模校や私立校では、その報告書をベースにどの生徒に支援が必要か、あるいは問題ないかを、学校の管理部門と共に把握する必要があるらしい。過剰な役割が課せられているようにも感じ、大変ではないかと筆者が訪ねると、「仕事は多いよ。1日4時間くらいしか寝ていないと思う」（教員E）、「いろいろな業務があるけれど、手当はつかないのよ！」（SWTの教員M）と話していた。

4.3 月経教育

ウガンダにおいて、月経が起きる仕組みや女性の内性器（子宮や卵巣）については、初等学校6年生の理科で、中等学校では4年の生物で教科担当の教員（生物教員はたいてい男性だという）から教わる。ウガンダの教科書をみると確かに図入りで説明がある。一方、生理用ナプキンの使い方や、下着の洗い方、水浴びをして清潔に保つことなど、生活に根差した実践的な知識は、SWTによって教えられる。女子だけを集めて授業をするという学校もあれば、男子も含めて、生理用ナプキンを下着にどう貼り付けるのかを実践して生徒に見せたという学校もあった。経血が漏れないような対処法も、卒業生OはSWTに教わったという。

先生は、（市販の）生理用ナプキンを買いなさい、と言っていたけど、「先生、私たちには買えません」と私たちがいうと、古布の折り畳み方や使い方を教えてくれました。そして、もし尿が出たときみたいに温かいものが下着についたと感じたら、特に立ち上がる時、気を付けるように言われました。生理用品をずっと取り替えずにいることは良くないから、3時間とか、（経血）量にもよるけど、取り替えなさい、必要だったら私に「先生、行かせてください」と許可を得て取り替えに行きなさいとか、そういう対処法を教えてくれました。（卒業生O）

そうした知識は「ものすごく役に立った」そうだ。親は、そういう話題は避けて教えてくれず、月経について全く知らずに、初経が来てしまう子もいるという。筆者がM校とB校で行った質問票調査によれば、初経を迎えるまで月経について知らずにいる生徒は、42%(n=159)いた。「親は、娘にも息子にもこういうことを教えるべきだと思います」と卒業生Oは強調していた。

学校で月経に関する揶揄があった時、その対応にあたるのもSWTである。「女子生徒が席から立ち上がったらスカートが濡れていて、それを男子が大笑いして『あ〜、見ろよ見ろよ! 彼女のスカート汚れているぜ!』って。面白くないことなのに、面白がって」(B校におけるFGD)と描写されるようなことは他校の例でも聞かれた。そういう時にSWTは、女子だけでなく男子にもどのように大変なのかを説明したという。また、からかった男子生徒は厳罰に処せられる。B校では棒で叩かれ、私立のW校では、反省文(3回になると退学処分)を書かせるという。からかわれた女子生徒は2週間学校に来られず、家まで訪ねて学校に来るように促したのもSWTだったそうだ。

4.4 学校における生理用品の配布

寮がある私立のW校では、国際NGOが生理用品を支援していた時は、生徒に支給していた。しかし、支援が停止してしまってからは、学期のはじめの所持品を確認するときに生理用品も本人が用意しているか、必ず確認するという。寮生活をするJは、経血量が多く学期はじめに5パック用意しなければならないと言っていた。

公立校でも、緊急用、すなわち急に月経が始まった時の対応のために、生理用品を備えていた。学校長の裁量経費で工面しているようだ。生理用品のほかに、布（染みのついたスカートをカバーするための腰巻）も保管されている。大規模校のM校がカウンセリングルームの鍵付きの棚の中に置いていたケースを除くと、そうした生理用品などは学校の倉庫部屋に保管され、必要に応じてSWTが取りに行くようになっていた。

しかし、B校における質問票調査の結果をみると、月経時に生理用ナプキンをSWTにもらいにいく生徒は、回答者のうちわずか6％（n＝65）であった。学校にはナプキンがないと認識する生徒も多く、「先生に許可を得て帰宅する」あるいは「寮に戻る」（寮はB校に隣接している）という回答者が4分の3に上った。特にSWTとの距離を感じている生徒にとっては、ハードルが高いという意見もあった。

おわりに

本章では、ウガンダの学校における女子生徒のMHM支援について、とくにSWTに焦点をあてて、その実態を生徒や教員の語りから浮き彫りにすることを試みた。SWTに求められる資質も、与えられる役割もマルチであった。センガーという伝統的に女の子たちの性教育や面倒を見てきた呼称でSWTも呼ばれることがあるように、学校において、SWTは女子生徒が抱える多様な課題に対応する役割を担っていた（写真2）。そこには、生理用品の使い方や漏れへの対処など、実践的な月経対処の教育なども含まれている。

かつて曖昧だったとされるSWTの職務内容を明確化するために、2020年に教育省はガイドラインを発行した。しかし、政策文書化して形を整えようとするあまり、元々過重な負担がかかっていたSWTに、さらなる負担を与えているのではないか。女子生徒の生理用品へのアクセス向上というさらに古い政策についても、それを実際の教育現場で具現化することができていない実態が、教員や生徒の声から見えた。W校での生理用品の海外支援が突然打ち切られた例からも、一時的ではない持続性をどのように確保すべきか考えていく必要があるだろう。

教育現場での生徒たちへの持続的なMHM支援を担保するためには、やはり

写真2　週末の教室に集うSWTと女子生徒／筆者撮影（2019年3月）

ＳＷＴの重要性は高いと考えられる。本章では、限られた数の教員と生徒の語りに依拠しており、現状を打破するにはどうしたらよいか、ＳＷＴ自身の意見は十分に聴き取れていない。今後の課題としたい。

付記
本研究の調査の一部は、ＪＳＰＳ科研費１７Ｈ０４５３９（研究代表者：杉田映理）の助成を受けた。

注記
［１］近年の国際的な月経研究では、《月経のある人のすべてが女性というわけではなく、すべての女性に月経があるわけではない》という考えから「女性」という言葉を使うことに慎重な姿勢がみられる。筆者もその姿勢に賛同はするが、本章では、便宜的に女性・女子という言葉を用いる。
［２］生分解性の使い捨てナプキンとは、吸収材の部分に高吸収性ポリマーを含まないなど、ナプキンの素材が主に微生物による分解が可能であるものを指す。
［３］中等教育無償化政策において、学費は無料になったとはいえ、制服代や学校における諸経費などがあるため、経済的な負担がなくなったわけではない。

参考文献

▽椎野若菜・カルシガリラ イアン（２０２２）「東アフリカにおける月経観とセクシュアリティ——ケニアとウガンダの事例から」杉田映理・新本万里子編『月経の人類学——女子生徒の「生理」と開発支援』世界思想社、１７０-１８９頁。

▽杉田映理（２０２０）「月経が国際的な課題となった経緯と今後——月経対処をめぐって——」『保健の科学』62（11）、７７１-７７５頁。

▽杉田映理（２０２２）「ウガンダのＭＨＭ支援策は月経をめぐる文化を変化させたのか——ウガンダ東部地域のローカルな実態に着目して」杉田映理・新本万里子編『月経の人類学——女子生徒の「生理」と開発支援』世界思想社、１９３-２１６頁。

▽杉田映理・新本万里子編（２０２２）『月経の人類学——女子生徒の「生理」と開発支援』世界思想社。

▽Afripads (2024). A Decade of Afripads. https://www.afripads.com/impact-mission/our-impact/ (accessed 23 August 2024).

▽Crofts, T. J. (2010). *Will They Cotton on? An Investigation into Schoolgirls Use of Low-cost Sanitary Pads in Uganda*. Master Thesis, Loughborough University.

▽Kearon, L. (2021). Lack of menstrual hygiene management among women and girls in East Africa. *Ballard Brief*, 2021 (1), Article 7.

▽Kuhlmann, A. S., Henry, K. and Lewis, L. (2017). Menstrual hygiene management in resource-poor countries. *Obstetrical and Gynecological Survey*, 72(6), 356–376.

▽Miiro, G., Rutakumwa, R., Nakiyingi-Miiro, J., Nakuya, K., Musoke, S., Namakula, J., Francis, S., Torondel, B., Gibson, L. J., Ross, D. A. & Weiss, H. A. (2018). Menstrual health and school absenteeism among adolescent girls in Uganda (MENISCUS): a feasibility study. *BMC Women's Health*, 18, 4.

▽MOES (Ministry of Education and Sports), the Republic of Uganda (2009). Basic Requirements and Minimum Standards Indicators for Education Institutions.

▽MOES (Ministry of Education and Sports) (2020). Guidelines for the Implementation of the Roles and Responsibilities of the Senior Women and Senior Men Teachers in Uganda.

▷ MOES (Ministry of Education and Sports) & UNICEF (2014). Reporting, Tracking, Referral and Response (RTRR) Guidelines on Violence Against Children in Schools.

▷ Nishimura, M., Yamano, T. & Sasaoka, Y. (2008). Impacts of the universal primary education policy on educational attainment and private costs in rural Uganda. *International Journal of Educational development*, 28(2), 161–175.

▷ Okudi, C. (2016). *Policies for Senior Women Teachers to Improve Girls' Secondary Education*. Center for Universal Education at the Brookings Institution.

▷ Pen America (2024). Stella Nyanzi. https://pen.org/individual-case/stella-nyanzi/ (accessed 25 August 2024).

▷ Ssemata, A. S., Ndekezi, D., Kansiime, C., Bakanoma, R., Tanton, C., Nelson, K. A., et al. (2023) Understanding the social and physical menstrual health environment of secondary schools in Uganda: A qualitative methods study. *PLOS Glob Public Health*, 3(11), e0002665.

▷ Technology for Tomorrow (2024). MAKAPADS. http://t4tafrica.co/equipments/makapads/ (accessed 23 August 2024).

▷ Tegegne, T. K. & Sisay, M. M. (2014). Menstrual hygiene management and school absenteeism among female adolescent students in northeast Ethiopia. *BMC Public Health*, 14, 1118.

▷ UBOS (Uganda Bureau of Statistics) (2017). Education: A Means for Population Transformation, Thematic Series Based on The National Population and Housing Census 2014.

▷ UNESCO (2014). *Puberty Education & Menstrual Hygiene Management*. Paris: UNESCO.

▷ Wesonga, N. & Oketch, B. (2015). Museveni Promises Pupils Free Books, Pads. *Daily Monitor*, November 13, 2015.

▷ WHO & UNICEF (2023). Progress on Drinking Water, Sanitation and Hygiene in Schools 2015-2023: Special Focus on Menstrual Health.

第三部

生活の文脈からえらぶ

第八章

ケニアにおける中等教育から高等教育への移行

家族・友人・恋人との関係からみる女子学生の選択

小川未空

はじめに

「万人のための教育（Education for All）」というスローガンが策定された1990年以降、基礎教育の拡充はアフリカを含む多くの国で急速に進んでいる。学校に行くことは、自明の目標として広く共有されるようになり、紛争地や障害のある子どもの教育などを除けば、飛躍的に就学率が向上した。その一方で、学校に通えば将来の現金収入が増加するかといえば、必ずしもそうではない。人口が増加し、教育を受けた人も増加しているが、十分な雇用は創出されていないためである。このため、中等教育を修了してもなお安定した職業を得られない若者は、高等教育への進学機会を模索することになる。

しかし、そのために必要な費用は高額である。本章で事例として扱うケニアの場合、一人当たりGNI[1]が約27万シリング[2]（2023年時点）に対して、公立大学の学費は年間およそ20～50万シリング程度[3]もする。日本の一人当たりＧＮＩは約５００万円（２０２３年時点）であるが、国立大学の年間学費は、その10分の1程度の50万円強である。日本でも高等教育への進学費用の捻出は各世帯にとって少なくない負担であるが、それと比べてもケニアの進学費用がどれほど高額か分かるだろう。政府による奨学金の制度もあるが、その多くは貸付ローンであり、受給の難易度もかなり高い。

本章ではそのような状況において、なぜ、どのように、人びとが高等教育へ進学しているのかを探索する。特に焦点を当てるのは、経済的制約下で進学を遂げた女子学生の事例である。あえて高等教育への進学を選択し、それを成し遂げた彼女たちにとって、教育とはどういったものなのか。なぜ就学を継続できるのか。本章では、彼女たちの視点から、教育が急速に拡大することの意味を考える。

1　アフリカにおける教育の拡充と格差

高等教育へのアクセス可能性は、他の教育段階と比べても家庭の経済状況に最も大きく左右されるといわれる。たとえば、南アフリカ、ドイツ、ブラジル、ガーナなどを対象とした研究において、中等教育以前では不平等が縮減しても、高等教育では不平等が拡大する傾向にあることが明らかにされている（Atuahene & Owusu-Ansah 2013; Louw et al. 2007; Ribeiro et al. 2019; Schindler & Lörz 2012）。

アフリカでは、国際社会の援助のもと初等・中等教育へのアクセスが急速に拡大してきたが、中等教育修了者の増加に比して高等教育の拡充が追い付いていない（Heleta & Bagus 2021）。そのような高等教育においては、格差の要因として、特定の人びとを優遇してきた植民地政策や、公立機関のキャパシティの不足、私立機関の参入などが指摘されてきた（Unterhalter et al. 2019）。経済的要因だけでなく、ジェンダー差についての議論もある。たとえばガーナでは、女性の高等教育就学率が低い理由として、ロールモデルの不足や、家庭内での男子優先の傾向が明らかにされている（Quarshie et al. 2023）。

本章で対象とするケニアは、アフリカで最も急速に教育普及が進む国のひとつである。8年間の初等教育は普遍化（純就学率91％）し、4年間の中等教育も急速に大衆化（純就学率51％）している[4]（2017年時点、KNBS 2018）。高等教育では、2005年データと比較すると、697機関から2437機関へと激増し、学生数は約18・5万人から83・9万人へ増加している[5]（2005年と2017年の比較、KNBS 2010、2019）。うち、公立大学では、8・2万人から44・1万人と約5倍となり、私立大学では、1・1万人から8・1万人へと約8倍に増加しているなど、私立大学の参入も著しい（2005年と2017年の比較、同出典）。このような変化をみると、高等教育も急速に普及していることが分かるだろう。

しかし、高等教育への進学は、機会費用のみならず、学費などの就学費用が高額になる。とくに、高学力・高所得者層が集まりやすい全寮制の中等学校ではなく、就学機会を広げるために近年急増した通学制の中等学校の卒業生が、その困難に直面しやすい。そこで本研究では、農村部にある通学制の中等学校を卒業した女子学生の事例をもとに、中等教育から高等教育への移行過程を検討したい。

2　5年間の追跡調査

本研究は、主に2014年～2019年の5年間における、中等学校在籍時から高等教育への進学に至る過程の追跡調査に基づく。参与観察とインタビューを通して、個々の対象者の移行過程を検討し、とりわけ重要と思われた、家族、友人、恋人との関係を中心にまとめた。対象とするのは、ケニア西部地域の公立中等学校（以下、A校）の卒業生の事例である。A校は、中等教育への高まる需要に対応するために2006年に設立された公立通学制校であり、学費が高く入学に選考のある公立寮制校とは異なる。本章では5名の女子学生に焦点をあてる。うち3名（アリス、サラ、ヘレン）は2015年度の卒業生、2名（ネリー、マリア）は2016年度の卒業生である（いずれも仮名）。当時のA校は、1学年（全4学年）2クラス制の小規模校であり、5名は互いに顔見知りである。

筆者は、2014年から2019年まで、年に1～2回の頻度でA校を訪問し、A校およびその周辺地域でのフィールドワークを行ってきた。対象の女子学生とは、実家や、進学先の大学、一人暮らしの家などを訪問したほか、カフェなどでランチやお茶をする機会もあった。くわえて日本からも、SNSを通して継続的に連絡をとっている。2019年に全員に対して個別インタビューを対面で実施し、ネリーとは2022年にもZoomによるオンラインでのインタビューを実施した。本章に記述するデータは、ネリーを除く4名については2019年調査時現在のものであり、ネリーについては2022年調査時現在のものである。インタビューの頻度や回数などはそれぞれ異なるが、継続的な訪問により対象者らとの関係を築き、経年による就学状況や将来展望の変化を観察することができた。5名の視点から立体的に描きたいのは、農村部において、通学制の中等学校をどうにか修了できた女子生徒らが、なぜ、どのように、高等教育へ進学していくかということである。

3 結果——家族／友人／恋人との関係からみる就学継続

3.1 高等教育への進学

A校在学中、際立って勉強熱心であったのは、アリス、サラ、ネリーの3名であった。この3名は特に仲が良く、学校内でも放課後などに自習時間を共有することが多かった。彼女らの起床時間は3〜4時、就寝時間は22〜22時半で、朝晩の自宅学習を欠かさず、通学生でありながら寮生のタイムスケジュールを自律して維持していた。しかし、それだけの努力をしても、公立大学の学士[6]（Bachelor）コースへ進学できた者はいない。

5名のうち、中等教育修了試験での成績が最も高かったのは、アリスとサラであり（同点）、いずれも卒業の翌年に、政府の貸付ローンを受けて私立大学の学士コースへ進学した（表1）。アリ

表1　高等教育への進学状況

	公立／私立	教育機関の種類	得られる資格	専攻	自己負担額（シリング）	政府ローンの受給
アリス	私立	大学	学士学位	看護学	200,100／年	あり
サラ	私立	大学	学士学位	商学	80,000／年	あり
ネリー	公立	カレッジ	ディプロマ	理学療法	90,000／年	なし
ヘレン	私立	カレッジ	ディプロマ	看護学	120,000／年	なし
マリア	公立	専門学校	修了証	電気設備	24,500	なし

出所：筆者作成。

スは、西部の地方都市にある大学の看護学コースに進学したが、公立と比べると学費は高く、年間20万100シリングの自己負担が必要であった。同様に好成績であったサラは、ナイロビの私立大学へ進学した。商学の学士コースと公認会計士の資格コースを履修し、学費のうち年間8万シリングが自己負担であった。私立大学の学費と首都での生活費の高さに不満を呈していたが、優良な大学に進学できたことに満足していた。

次に成績の高かったネリーは、A校2016年の卒業生62人中8位であった。入学時の3位より下がったが、在学中は教員から の信頼が厚い模範的な生徒であった。教員や近隣の人びとは、成績が下がった要因を、受験年度における両親の離婚につながる家庭内不和に求めていた。ネリーが大学へ入学したのは2019年と遅れたが、進学までの2年以上もの期間、自身の現状を悲観することなく、「（進学を）急いではいない」と、いずれは進学することを確信していた。公立大学に私費で進学したネリーは、履修した教育学コースが自身の関心と合わず半年で退学したのち、他の公立カレッジ[7]の理学療法のディプロマコースへ再入学した。学費は全額自己負担で、年間9万シリングであった。続くヘレンは、学費

A校での成績は上の下程度であった。2015年に卒業し、2018年に外資系の私立カレッジの看護学のディプロマコースに入学した。年間12万シリング程度の学費を、私費のみで賄っている。調査時には2年生になる学年であったが、学費が用意できずに休学中であった。

最後にマリアは、勉学への意欲が低く、授業や自習の時間は、雑談かよそ見をしている生徒であった。休憩時間に元気になり、男子生徒とも言い合いをすることが多かった。試験期間中には、筆者にたびたび電話をかけては「試験が楽しい」と話すほど緊張感に欠けていた。そんなマリアの試験の結果は58位（62人中）であり、女子では最下位であった。A校卒業の2年ほど前に実施したインタビューでは、「私たちは通常、カレッジか大学に行く。もし両親にお金がなければ専門学校に進学しなければならない。しかし専門学校に行けば、少ししかお金を稼げない」と話していた。しかし、結果として好成績を得られなかったマリアは、進学先がなく、しばらくは家で収穫した果物を売るなどの「小さなこと（small things）」でお金を稼いだ。2019年にようやく、家から最も近い専門学校に通い、電気設備（electrical installation）について学んでいた。修了までに必要な費用は2万4500シリングであるというが、得られるのは、学士学位やディプロマではなく修了証（Certificate）のみである。

以上より、最も成績の高いアリスとサラのみが、卒業の「翌年」に「学士」課程に入学できていたことがわかる。つまり、中等学校卒業時点の学力は、中等教育から高等教育への移行期間や、高等教育で履修できるコースの種類に影響を及ぼすといえる。他方、成績にかかわらず、大学進学には一定の費用が不可欠であることも明らかとなった。

3.2 家族からの学費の支援

家族内での教育予算の分配において、きょうだいの人数と生まれの順番は重要である。自身を含めたきょうだいの人数は、アリスが13人と最も多く、次いでマリアとサラが7人、ヘレンが5人、ネリーが2人であった。家庭の経済状況が相対的に良いのは、マリア、サラ、ヘレンである。7人きょうだいの3番目であるマリアは、兄がケニア軍(KDF)の軍人、姉がディプロマを得た看護師であり、安定収入が見込まれる。ナイロビで学ぶサラは、一夫多妻家庭のもと、実兄1人と異母兄姉5人の末子である。兄姉のほとんどが大学まで進学しているが、農業で生計を立てている父は、知人に借金をしながらサラの学費を捻出していた。サラは3年次にA校へ転校してきたが、父が病気になり寮制校の学費を支払えなくなったためである[8]。5人きょうだいの2番目であるヘレンは、家族内で唯一高等教育へ進学しており、コンストラクター(家を作る仕事)の父に支援を受けている。

続いて、きょうだいの数が13人と最も多いアリスは、サラと同様に末の子である。2016年時点で父親(70歳)は退職しており、収入が多くない。きょうだいのうち、アリスと末の兄のみ、中等教育まで修了していた。2014年にA校3年生だったアリスの勉強の目的は、「家族の地位を向上させる」ことであった。最後にネリーには、一学年下に弟がいる。ネリーの成績は、ディプロマコースであれば、政府の貸付ローンの受給対象であった。しかし、A校卒業の翌年も未納学費のために修了証を受け取ることができず、また、両親の離婚に伴う二拠点生活で十分な進学費用を貯金できなかった。そのようななか、弟がA校修了時に最優秀の好成績を残し、卒業の翌年（2018年）に政府の貸付ローンを受けて公立大学の学士コースへ入学できることになった。ネリーは、家庭の経済的資源を有効に活用するため、成績のより高い弟の進学を優先させた。

このようにまとめると、限られた事例ではあるが、通学制校においては学力が高い者ほど家庭の経済状況がより厳しい事例（アリス、ネリー）がみられる。学力が高く一定の経済的余裕があれば寮制校を修了するため、通学制校の学力上位層にこのような傾向がみられるのだろう。また、きょうだいのなかで学力が高いことや、家庭内での子育て費用に目途がたちやすい末の子であることは、就学継続に有利な要素ともいえる。

3.3 複雑な友人関係

A校在学中にとりわけ関係が深かったのは、サラとアリスである。彼女たちは、互いの存在を勉強に集中するために不可欠なライバルであると認識していた。その友好な関係はA校卒業後も継続しており、共同のビジネスで生活費を稼いでいた。サラがナイロビで選んだ（同年代の女性および子ども向けの）衣類を、アリスが西部で売るというものである。

一方で、A校での関係が卒業後も強固であった事例は多くはなかった。たとえばネリーは、卒業の翌年、同級生のSNSグループへの参加を拒んでいた。彼女は「自分の人生を始めさせて」と言い、そのグループは、互いの噂話をするためだけのものだと話した。卒業後6年が経過した

2022年も、A校友人との関係について、「友人を選ぶことは容易ではない」と厳しい表情で答えた。ヘレンも同様に、中等学校時代の友人に対して良い印象を持っていなかった。ヘレンは、友人関係のトラブルにより、寮制校から親戚を頼ってA校へ転校した。寮制校では、「両親が豊かな生徒ばかりで、私のような両親が豊かでない生徒に友好的ではなかった。彼女たちは、人を大切にしない」という。たとえば、物が紛失した際にヘレンが疑われ、盗みを非難された。そのことを「自分が場違いのように感じた（I just felt out of place）」と振り返り、転校は「自分自身を守」るためだったという。ヘレンは転校後も、A校で最も仲良くしていた友人に、自分に隠れてヘレンの彼氏と連絡を取り合われたという苦い経験を持つ。その友人は現在ナイロビで進学しており、同じくナイロビにいるサラとは卒業後も仲が良いが、ヘレンとの関係は継続していない。

友人関係について特徴的であったのは、必ずしも同学年の者の名が親友として挙げられるわけではないということである。たとえば交友関係でうまくいかなかったヘレンの場合、A校で現在も連絡を取るのは、ひとつ下の学年の男子（ナイロビの大学に進学）だけである。ネリーの場合も、一学年上のアリスとサラ、また、同学年の男子（地方都市のカレッジに進学）の名が関係を継続している友人として挙げられた。性別や学年／年齢ではなく、高等教育（大学かカレッジ）に進学しているなどの共通点のある者との関係が継続しやすいということがみえてきた。

3.4 恋愛と新しい家族

10代から20代にかけての彼女たちの日常において、恋愛の比重は小さくない。恋人との関係は、勉強のモチベーションや進路選択にも少なくない影響がある。既述のように、ヘレンにはA校のころから彼氏がいたが、マリアにも、学校間交流で出会った他校の彼氏がいた。その彼氏に卒業後、月に2万4000シリング稼げるからカタールで出稼ぎしないかと誘われたが、怖くなって断ったという。現在は、ドバイで出稼ぎをしている彼と遠距離恋愛中である。

A校の卒業生のなかでは、高等教育へ進学した者は必ずしも多数いるわけではなく、進学や就職をせずに、結婚して新しい家族を形成している者もいる。しかし、その選択については批判的な見方もみられた。たとえばヘレンがA校で親友だったと名を挙げた女子生徒は、A校卒業後、進学も就職もせず、子どもを産んだ。ヘレンはそのことを本人から聞いたとき、「とてもショックを受けた」という。「詳しいことは分からない。私は彼女から妊娠を聞いたときとてもショックだった。信じられなかった」といい、連絡を取らなくなった。彼女たちにとっては、進学して自らの力で安定収入を得るようになることが重要であり、中等教育を修了したにも関わらず、中等教育を修了せずとも得られたであろう生活をする友人への失望を読み取ることができる。

調査時現在で結婚していたのは、アリスとネリーであり、アリスには子どもが生まれた。勉強熱心な優等生であったアリスは、大学2年生のうちに妊娠し、子どもの父親である同じ大学の先輩と、非公式（partially）に結婚した[9]。ただし、夫はナイロビで実習中であり、同居はしていなかった。アリスは、出産のためにナイロビで1か月ほどの休暇を取得したが、休学はせず、西部に戻って姉に同居してもらい、育児と就学を両立していた。大学在学中に妊娠を契機にアリスが「結婚」したことは、アリスのA校時代の勤勉さを知る者からすると少なくない驚きである。他のA校卒業生との会話のなかでも、「彼女はその子が自分の子だと（あなたに）白状したの？」という表現があった。しかしアリス自身は、「母であることは良いことだ」と綺麗で満ち足りた笑顔で話した。とはいえ、学費の支払いにも苦心している状態で、勉強と育児を両立することは容易ではない。

しかし、アリスはこの状況を活用し、結婚以降、学費の半分を夫に支援してもらっていた。そのことについて、「今の私のように、結婚したら夫が養ってくれる。そして私の側では、私は両親を養う」と話した。アリスは、結婚したとしても（＝夫の家族に属するとしても）、自身の両親に十分な（fully）支援を行う必要があり、それがかなわなかったら、とても痛ましい（really painful）と強調した。新しい家族を形成しても、アリスのすべてを結婚した先の家族に投入するのではなく、育ててくれた両親に還元しようという意志が読み取れる。家族の地位を向上させるために教育を継続したいと話していたA校3年生のときのアリスの思いは、結婚して自らが家族を持った今でも変わっていない。夫からの援助を自身の力に活用し、育児の支援を実の姉から受けながら教育を継続することで、その成果を両親へも還元していこうという思いがみられた。

4 経済的制約のなかでの女子学生の進学過程

本章で言及した5名は、ケニア農村の通学制校を修了した者であり、特別に恵まれた家庭背景ではないが、極度の貧困状態にあるわけでもない。中等教育の拡充期に、学費の低い中等学校であればどうにか修了できた層の人びとである。本章では、それぞれの経済的制約のもとで、努力と選択を積み重ねて高等教育へ進学していることがわかった。

アフリカにおいて女性が男性よりも不利である（Quarshie el al. 2023）かというと、本章の結果からは必ずしもそうとは言えない。きょうだいが多い場合は、アリスのように下の子ほど就学を継続しやすい傾向にあったり、また、ネリーの家庭にみられたように学力が高いほど就学継続を優先される傾向にあったりした。このような就学の優先順位は、本章で紹介した5名に限らず、A校の男子を含む他の卒業生の事例からもみられた。家庭ごとのインタビューを通してみえてくるのは、単純な男女の就学機会の差ではなく、個別の子どもの能力や状況を踏まえた判断がなされているということである。類似のことは、中等教育での就学継続をめぐる家族の意思決定プロセスからも確認されている（小川 2016）。

また、南アフリカの調査からは、女子学生が高等教育への移行を成功させる重要な要素に、レジリエンスが挙げられている（Maniram 2022）。レジリエンスの背景には、家族の協力や良好な学習環境と学習コミュニティがあるという。そのうえで、彼女たちのもつ学業で成功したいという強い願望が、あらゆる障害を乗り越える力になっている（Maniram 2022）。日下部（2020）によるマラウイの孤児を対象とした調査からも、困難な状況にある子どもの就学継続を可能にする要素は、支援者に恩返しをしたいという思いから生じる、孤児本人の強い意志があると指摘されている。本章でも同様の事例が特にみられたのは、アリス、サラ、ネリーなどであり、彼女たちは、A校在籍時から通常以上の努力を継続し、両親の不十分な経済的資源にもかかわらず、自身の努力と工夫により高等教育への移行を果たした。

このように、高等教育以降の就学継続は、保護者のみならず、当の本人にどれだけ就学への意欲があるかにも左右されるだろう。中等教育を修了すれば、少ないながらも賃金労働へ就くことが可能だからである。たとえば中等教育修了後、ネリーは初等学校の非正規教員として月3000シリング、アリスはガソリンスタンドの店員として月4000シリング、ヘレンは飲食店の店員として月6000シリングの収入を得て、進学費用を貯めていた。このような一定収入がある場合、それで維持可能な生活に満足するか、あるいは、より良い生活のために進学へ投資するかは、家族の方針だけでなく、本人の決断と強い意志にもゆだねられる。

なぜなら、5名の女子学生の高等教育への移行過程を確認すると、学力の高低にかかわらず、一定以上の学費や生活費の負担が不可避であることがわかるためである。特にナイロビでの生活費は高く、たとえば家賃でみると、サラで月2500シリング、ヘレンで月3000シリングであり、西部の農村部に進学したネリーの月1250シリングと比べると倍以上の差があった[10]。また、アリスとサラは、貸付ローンの受給を受けてもなお、私立大学の学士コースでは高額な自己負担が課せられている。私費で進学しているネリー（年間9万シリング）やヘレン（年間12万シリング）と比べると、学士かディプロマかという差はあるものの、貸付ローンの受給を受けているサラ（年間8万シリング）やアリス（年間20万100シリング）の負担とそれほど大きな差はない（表1参照[11]）。さらに、貸付ローンは、借金を背負う制度でもある。たとえばイギリスとアメリカの事例では、学生ローンを受給したことが、結婚、子育て、住宅購入といったライフイベントや、心身の健康、職業選択などにまで、中長期的な影響を及ぼすことが示されている（de Gayardon et al. 2018, 2022）。サラやアリスが、好成績による恩恵を受けていることは確かであるが、卒業後にはローンを返済しなければならないことを考えると、かなり大きな負担を強いられた「賭け」であるという見方もできる。「学士」を得られることは貴重であるが、ローン無しで進学可能な資金的余裕のある者と比べると、人生に長期の影響をもたらす荷物を背負うことにもなるだろう。

以上のことから、高等教育へ無理に進学しなくとも、その日食べるものには困らない、住まわせてくれる家があるなどの、一定レベルの生活の安定のなかで、それ以上の生活を求めようという気概が、高等教育への移行を可能にさせる要因のひとつだといえる。では、何がそのような気概を下支えしているのか。本章からは、中等教育修了までに得た家族からの支援に報いたいという思いを読みとることができた。たとえばアリスは、夫から受ける教育投資のリターンを、自らの意志で両親に還元する計画である。また、成績の良かった弟を先に進学させたのも、ネリーの意志であり、それが最善と踏んだうえでの決断である。

さらに、良くも悪くも同じA校を卒業した友人らの状況と自身の状況が比較され、時には支え合う関係になり、時には負けてられないという焦りにもなっていた。友人は、学校での競争を走り切るために不可欠な同志であるという見方もあれば（十田・澤村 2013）、学校教育で得られるのは、愛憎相半ばするライバルであり、生死を預けるに足る真の友ではないという見方もある（小馬 2019）。相互に助け合う仲間であれ、学校制度上のライバルであれ、個人の人生をより良いものにしようとする動機になっていることは確かであるといえよう。

本章では、家族と友人との関係が就学継続の動機になっていること、そして、恋愛ひいては新たに形成する家族についても、高等教育への移行にあたって検討が必要な事項であることがみえてきた。これまでの研究において、女子学生の高等教育への移行を長期にわたって追跡したものは管見の限りほとんどなく、したがって結婚や出産などを経た女性がいかに教育を選択し、自身の人生に教育経験を位置付けているかの議論は不足している。本章では、その一部に触れることはできたが、今後も継続的な追跡調査と検討が必要であるだろう。

おわりに

本章では、2014年以降A校で実施してきたフィールドワークをもとに、5名の女子学生の中等教育から高等教育への移行過程を検討した。経済的制約のある家庭に生まれた者にとって、たとえ初等教育や中等教育が制度上は無償化され整備されたとしても、それらは必ずしも容易に得られる選択肢ではない。さらには、家庭の資源や個人の努力と意志によって、高等教育への移行の可否が左右される。本章では、その過程において、家族、友人、恋人との関係が重要であることが明らかとなった。

このようなフィールドワークに基づく追跡調査によって得られるデータは、高等教育への移行を果たした女子学生たちが、「なぜ」「どのように」進学したのかという問いに答えてくれる。「なぜ」「どのように」という問いに向き合う重要性を訴えたのは、アフリカの教育研究を牽引してきた澤村である。澤村（２００７）は、アフリカ教育研究において、調査する事象の何が（what）だけでなく、なぜそうなのか（why）、どのようになっているのか（how）を解明することの重要性と、それに接近するためのフィールドワークの有用性を提起した。本章では、そのような澤村の問題意識を引継ぎ、ケニアの教育における「なぜ」「どのように」の断片に、不十分ながらも近接できたのではないかと考えている。

付記
本研究は、ＪＳＰＳ科研費１９Ｈ００６２０（研究代表者：澤村信英）および１９Ｋ２３３４０（研究代表者：小川未空）の助成を受けた。
また、本章の一部は、Ogawa, M. (2024). Massification of tertiary education and its inequality in Kenya: A case study of top students from a rural day secondary school, *International Journal of Educational Development*, 110, 103137 と重複している。

注記

[1] 世界銀行のデータベースによる一人当たりGNI（GNI per capita (current LCU)）を表す（https://data.worldbank.org/indicator/NY.GNP.PCAP.CN?_gl=1%2A1vmgxl8%2A_gcl_au%2AMTYxODIzODI3MC4xNzI1NDk0MTM0&year=2023, 2024年9月5日最終アクセス）。

[2] ケニアの通貨、ケニア・シリング（KES）を指す（1シリング≒1円）。

[3] 大学、学部／履修コース、年次によって変動する。なお、学士学位を取得する場合の金額である。また、政府の奨学金を受ける場合は減額される。

[4] 2024年現在、教育制度が変更された新カリキュラムが導入されているが（詳しくは、本書の第一章を参照）、ここでは本章の調査対象者の就学時点の教育制度を表す。

[5] ケニアの人口も3600万人（2005年）から4900万人（2017年）へと増加しているが（世界銀行データベース）、高等教育への就学者数はその増加率を大きく上回る。

[6] 高等教育で取得できる資格について、学士学位（Bachelor Degree）、ディプロマ（Diploma）、証明書（Certificate）を区別している。

[7] ケニアでの呼称に合わせて、総合大学（University）と区別し、単科大学をカレッジ（College）と表記している。

[8] サラはA校での日々を肯定的に振り返るが、彼女のFacebookのプロフィール欄には、A校の名前は出身校として記されておらず、寮制校の名前のみが挙げられている。

[9] 調査対象地では、結婚時に、男性側から女性側の家族へ婚資金（ダウリ）が贈られる。結婚式などで親族や地域住民、教会からの承認を受け、役所手続きを経て、結婚するのが通例であった。一方、アリスの結婚は、現在の若者世代に広がる「Come-we-stay」という結婚形態である。互いの両親や親族に認められた公式の結婚をするまえに共同生活を始めるものであり、必ずしも親世代には受け入れられていない。

[10] いずれも友人とワンルームをシェアしており、折半後の負担額である。

[11] アリスとサラの学費の差は、大学と学部による。政府の貸付ローンは、いずれも大学が定める学費の半分を受給している。

参考文献

▽小川未空（２０１６）「ケニア農村部における中等学校への就学・退学をめぐる家族の戦略――就学継続の意味づけに着目して――」『国際教育協力論集』19巻1号、75-87頁。

▽日下部光（２０２０）『アフリカにおける遺児の生活と学校教育――マラウイ中等教育の就学継続に着目して――』明石書店。

▽小馬徹（２０１９）『「異人」としての子供と首長――キプシギスの「知恵」と「謎々」――』神奈川大学出版会。

▽澤村信英（２００７）「教育開発研究における質的調査法――フィールドワークを通した現実への接近――」『国際教育協力論集』10巻3号、25-39頁。

▽十田麻衣・澤村信英（２０１３）「ケニアの小学校における友人関係形成の役割――社会・文化的な背景から読み解く――」『国際開発研究』22巻1号、23-38頁。

▽Atuahene, F. & Owusu-Ansah, A. (2013). A descriptive assessment of higher education access, participation, equity, and disparity in Ghana. *Sage Open*, 3(3), 2158244013497725.

▽de Gayardon, A., Callender, C., Deane, K., & DesJardins, S. (2018). *Graduate Indebtedness: Its Perceived Effects on Behaviour and Life Choices: A Literature Review*. Working Paper 38, Centre for Global Higher Education: London.

▽de Gayardon, A., Callender, C., & Desjardins, S. L. (2022). Does student loan debt structure young people's housing tenure? evidence from England. *Journal of Social Policy*, 51(2), 221–241.

▽Heleta, S., & Bagus, T. (2021). Sustainable development goals and higher education: leaving many behind. *Higher Education*, 81(1), 163–177.

▽KNBS (Kenya National Bureau of Statistics) (2010). *Economic Survey 2010*. KNBS.

▽KNBS (Kenya National Bureau of Statistics) (2018). *Economic Survey 2018*. KNBS.

▽KNBS (Kenya National Bureau of Statistics) (2019). *Economic Survey 2019*. KNBS.

▽Louw, M., van der Berg, S., & Yu, D. (2007). Convergence of a kind: educational attainment and intergenerational social mobility in South Africa. *South African Journal of Economics*, 75(3), 548–571.

▽Maniram, R. (2022). Exploring the resilience and epistemic access of first-year female students in higher education.

HTS Theological Studies, 78(2), 1–9.

▷ Quarshie, A. N., Nkansah, G. B., & Oduro-Ofori, E. (2023). How far is progress? Gender dimensions of student enrollment in higher education in Ghana: The case of Kwame Nkrumah University of Science and Technology. *SAGE Open*, 13(4), 21582440231220456.

▷ Ribeiro, C. A. C., Ceneviva, R., & de Brito, M. M. A. (2019). Educational stratification among youth in Brazil: 1960–2010. In M. Arretche (ed.), *Paths of Inequality in Brazil: A Half-century of Changes*, Springer, pp. 47–68.

▷ Schindler, S. & Lörz, M. (2012). Mechanisms of social inequality development: primary and secondary effects in the transition to tertiary education between 1976 and 2005. *European Sociological Review*, 28(5), 647–660.

▷ Unterhalter, E., Allais, S., Howell, C., Adu-Yeboah, C., Fongwa, S., Jibrin Ibrahim, McCowan, T., Palesa Molebatsi, Morley, L., Mthobisi Ndaba, Siphelo Ngcwangu, Oanda, I., Oketch, M., Lerato Posholi, & Selepe, C. (2019). *Higher Education & Public Good*, revised version, University College London.

第九章

中国に留学したガーナ人学生の帰国意志と頭脳循環

大学院で学位を取得した高学歴者に着目して

羅 方舟

はじめに

本章の目的は、中国におけるガーナ人留学生の帰国意志とそれに影響を与える要因を明らかにし、その要因が個人的背景とどのように関連するかを分析することである。その上で、留学生の帰国意志と頭脳循環を関連づけて議論する。

筆者は中国とガーナの両方でフィールド調査を行い、対面でインタビュー調査を実施した。まず2022年9月に4週間、中国（北京や上海などの大都市）で調査を行った。そして、2023年3月に3週間、ガーナ（首都のアクラ市とケープコースト市）でインタビューを実施した。ガーナ人留学生に着目する理由は、アフリカ人留学生の中で、ガーナ人留学生数が急増しているからである。2008年、中国におけるガーナ人留学生は602人で、アフリカの中で第一位であった（中国教育部 2008）。2018年にはナイジェリア（留学生数6845人）に次ぐ第二位に転じたものの、ガーナからも6475人の留学生があり、その数は2008年と比べると10倍以上に増加した（中国教育部 2018）。ガーナ人学生の留学先として、中国は既に、米国（4000人程度）とイギリス（3000人程度）を超えて全世界の中で第一位となっている（U－Sデータベース）。経済面からみれば、中国はガーナ最大の貿易相手国である。1995年から2020年の間に、中国からの輸入額は年率20％の伸びを示し、7130万米ドルから67億5000万米ドルになった（中国商務部 2020）。

1 移民の帰国意志と留学生の海外滞在

「移民」とは一国内か国境を越えるか、一時的か恒久的かに関わらず、またさまざまな理由により、本来の居住地を離れて移動する人という一般的な理解に基づく総称である。「移民」には、移住労働者のような法的分類が明確な人々や、密入国した移民のように、ある特定の移動の種類が法的に定義されている場合がある一方、法的地位や移動の方法が国際法で特に定義されていない留学生なども含まれる（国際移住機関 2024）。これまでの研究では、移民を海外移住だけでなく、帰国の可能性も含む多次元的なプロセスとして認識することはあまり行われていないという課題がある（Oomen 2013）。その中で、母国に貢献したい願望が移民の帰国意志につながっているという見方が一般的である（Campbell 2020）。Pinger（2010）は、故郷の人々との感情的な結びつきが海外への永住の可能性を低下させることを指摘している。一方で、家族の圧力によって帰国を計画しないケースもあり、多くのガーナ人家族は、移民が海外に定住し、故郷に送金しながら、家族メンバーの海外移住を支援することを期待している（Dako-Gyeke 2016）。

また、移住先でより高い収入を得るという移民の期待が満たされない場合、母国への帰国を決断することが指摘されている（Cassarino 2004）。しかし、帰国が移住の失敗経験とみなされることがあり、目標を達成できない移民の中には、新しい機会を探すために他の国へ渡航する者もいる。したがって、帰国は移民が移住先で高収入を得て貯蓄を蓄えるという目標を達成できたというような、成功した後の選択肢である（Makina 2012）。さらにParusso & Ambrosetti（2017）も、帰国はほとんどの移民にとって最終的な目標であるが、一部の移民にとってそれは実現できないことを指摘している。

先述した研究では、移民の帰国意志に関する矛盾した見解が見られる。その理由は、移民が選択を行う背景が複雑であるためである。移民の考えを理解し、その選択の理由を分析するためには、より多くの研究の蓄積が必要である。

留学生移動は、従来の国際労働移動研究においては移民労働者とみなされてはいないが（坪谷2008）、教育目的の移動は、将来の雇用や移住のための移動につながることが多いと指摘されている（Findlay et al. 2012）。たとえば、中国は、独自の国家政策である「一帯一路」に基づき、アフリカ人留学生を多く受け入れており（周・闞2015）、留学生を卒業後に帰国させることを優先している。しかし、中国に滞在する者や、欧米への移住を希望する者もおり、彼らは必ずしも帰国するわけではない。このように、中国のガーナ人留学生の卒業後の帰国意志を検討することで、これまでの移民研究における矛盾した見解を再検討することができるのではないか。

2 国家レベルにおける頭脳流出と頭脳循環

国家レベルに着目した移民研究では、高技能労働者が外国に移住することによる頭脳流出（高度な技術を持つ移民と彼らが持つ知識と能力の喪失）の問題がよく指摘されている。中でも、アフリカからの移民に、研究や政策の面で多くの注目が集まっている。移民の背景には、より良い生活や教育の機会を求める欲求があることが多い（Dako-Gyeke 2016）。ガーナでは、若者が失業や貧困から逃れるために海外に移住していることが指摘されている（Allotey & Say 2013）。さらに、アフリカ人留学生は、欧米に留学した後にそのまま定住する傾向が強く、頭脳流出という問題は深刻化している（Woldegiorgis & Doevenspeck 2015）。

一方でSaxenian（2005）によれば、母国を離れた人々は、社会的・職業的なつながりを維持しながら、ビジネス関係を築いたり、新しい会社を立ち上げたりするために帰国し、頭脳流出を頭脳循環に変えている。頭脳循環について、移住者が帰国しないままでも、出身国に経済的及び社会的な貢献をする「トランスナショナル移民」に関する議論が展開されている（Datta 2009）。トランスナショナル移民とは、一方向ではなく持続的かつ双方向的な移動を行い、国境を越えて複数の関係を構築及び維持する移住者のことを指す（Basch et al. 1994）。こうした移民は、帰国せずに、母国との国境を越える知識ネットワークを構築し、母国の経済成長と開発に寄与することが注目されている（Faist 2008）。アフリカの文脈では、頭脳循環は頭脳流出に対処するための潜在的な解決策と考えられている（Chand 2019）。

留学終了後にホスト国に滞在し続ける元留学生には、トランスナショナル移民となり、頭脳循環に貢献できる潜在力がある。しかし、留学で得られた成果や留学先での経験と、頭脳循環とを関連付けて論じている先行研究は限られている（金子 2018）。これらの課題に対して、本章では、彼らの帰国意志を検討し、頭脳循環と関連づけて議論する。

3 帰国意志に関する調査結果

本調査では、中国の大学に留学したガーナ人学生のうち、中国に滞在している者と卒業後にガーナに帰国した者の合計18人を調査対象者とした。その中で、8人（AからHまで）は中国における調査で出会った者であり、残り10人（IからRまで）はガーナにおける調査対象者である（表1）。彼らはすべて中国で修士号または博士号を取得しているため、本章では高学歴者として認識する。

Gmelch（1980）によれば、帰国移民には大きく分けて3つのカテゴリーがある：（1）一時的移住者（temporary migrant，一時的な移住を意図した帰国者）、（2）非自主的帰国者（forced returnees，永住を意図したが、帰国を余儀なくされた帰国者）、（3）自主的帰国者（voluntary returnees，永住を意図したが、帰国を選択した帰国者）。調査対象者の個別具体的な背景に着目し、インタビューで得られたデータをGmelch

（1980）の分類方法を参考にした上で、浮かび上がったテーマを4つのパターンに分類した。それは、（1）母国での良い仕事へのアクセスによる自主的な帰国、（2）留学前に定められた帰国、（3）長期的な視点で計画される帰国、（4）帰国せずに目指す海外移住である。

3.1 良い仕事へのアクセスによる自主的な帰国

このパターンにおける調査対象者8人は良い仕事を見つけて、自発的に帰国を選択している。そのうち4人は卒業

表1　調査対象者の属性等

仮名	性別	専攻	中国での学位取得	調査時点の職場
A	男	教育学	修士・博士	中国の大学
B	男	工学	修士	中国の企業
C	男	工学	修士	中国の企業
D	男	工学	修士	中国の企業
E	男	医学	修士	中国の病院
F	男	経済学	修士	中国の企業（起業）
G	男	教育学	修士・博士	無職（卒業したばかり）
H	男	教育学	修士・博士	無職（卒業したばかり）
I	女	ジェンダー学	修士	ガーナ政府
J	男	医学	学士・修士	ガーナの病院
K	女	経済学	修士	ガーナの中国企業
L	男	農学	博士	ガーナの大学
M	男	中国語	学士・修士・博士	ガーナの大学
N	男	教育学	博士	ガーナの大学
O	女	心理学	博士	ガーナの大学
P	男	中国語	修士	ガーナの孔子学院
Q	男	中国語	修士	ガーナの孔子学院
R	男	経済学	修士・博士	ガーナの孔子学院

注：調査対象者は様々な分野を専攻し、卒業後にも異なる職業をしており、分類することは難しいため、A～Rの並び順は、インタビューの時系列に従っている。
出所：筆者作成。

後にガーナへ帰国し、大学で中国語教員として働いている。留学中に、彼らは中国語を流暢に話せるようになった。

M氏はガーナの高校を卒業後、友人の勧めで中国への留学を決めた。そして中国語を専攻し、学士課程から博士課程まで、10年間を中国で過ごした。博士課程修了後、彼はガーナの大学の講師となった。中国語学科で博士号を持っているのは彼だけであり、昇進は早く、現在は中国語学科のコーディネーターになっている。将来は中国の研究者と共同研究を行う予定である。P氏はガーナの大学で経済学を専攻し、副専攻として中国語を学んだ。学部卒業後、中国語の勉強を深めるために中国へ留学した。留学後、孔子学院の院長に誘われて、帰国し中国語教員として働いている。将来、中国語教育を推進したいという。

Q氏は、最初は中国語の勉強を少し体験してみようという軽い気持ちだったが、中国のカンフー映画に魅かれて、中国語を懸命に勉強し始めた。学部卒業後、中国へ留学し修士号を取得した。ガーナの孔子学院では中国語を学ぶ学生数が増加し、新しい中国語教員を必要としているため、彼は応募して中国語教員になった。彼は、孔子学院とガーナの教育省との協力関係が深まるにつれ、中国語の教育や学術的な仕事に携わる機会が多くなっていることを強調した。R氏は中国で経済学を学んでいた。博士課程を卒業後、中国で貿易の企業を設立し、2年間経営に携わった。新型コロナウイルス（COVID-19）の影響で経営状況が一時的に悪化したため、彼はガーナの孔子学院の中国語教員に応募し、帰国して働いている。それと共に、ビジネス展開のためにガーナで市場開拓を行い、企業で働く中国人パートナーにガーナへの商品の輸出を任せている。

先述の4人の中国人教員とは異なり、J氏は高校卒業後、兄に勧められて中国で医学（学士課程と修士課程）を勉強していた。留学中は起業コンテストに参加し、優勝して資金援助を受けたという。J氏は「起業活動を通じて、多くの中国人投資家や政府リーダーと知り合い、彼らから中国語、中国の経済発展や文化について学んできた。ガーナにとって、中国の発展経験は学ぶ価値がある。ガーナが発展を実現するために、若者は帰国し、科学技術を発展させなければならない」と話した。彼は卒業後にガーナに帰国し、医師として働きながら、ガーナで投資する中国企業にコンサルティング・サービスを提供している。将来は、中国とガーナの関係を深め、中国企業からガーナの技術分野に投資させたいという。

医学生であったE氏は、中国の大学で修士課程を修了した。中国の病院で1年間インターンシップをした後、ガーナに戻る予定があるという。彼は「ガーナでは医師の収入は相対的に高く、学校教員の約3倍である。中国で修士の学位を取得し、さらにインターンシップを経験すれば、ガーナにおける都市部の病院で働ける可能性が高くなる」と語った。要するに、E氏はガーナにおける医者の高い収入と中国留学の便益を見通して帰国を決定した。

K氏はガーナで経済学（学士課程）を専攻し、中国語を副専攻にした。その後、中国の大学の経済学の修士課程に留学した。このプログラムは中国語で教えられていたため、彼女は中国人学生と一緒に授業を受け、中国語の能力が大幅に向上したという。卒業後、K氏はガーナの中国企業で働き始めた。ガーナの一般企業より、中国企業で高い給料で働くチャンスを得た彼女は、中国での留学経験に感謝していることを強調した。今後の計画について、K氏は現在の仕事を続けながら昇進を目指す。しかし、もし海外で働く好機が訪れ、給料もさらに上がれば、それを追い求めたいという。

以前はガーナの高校で教員として働いていたO氏は、生徒に対するカウンセリング・サービスが不足していることに気づき、カウンセラーとしてのキャリアを目指すことにした。彼女はガーナで心理学の修士課程を修了し、その後に中国の大学で博士課程に進学した。そして、卒業後はガーナに帰国し、大学のカウンセリング・センターで講師として現在の仕事に就いた。O氏は、「いつも学生を助けているので、仕事のやりがいを感じている。給料も安定しているから、海外で働こうとは全く考えていない」と話した。また、中国に留学した頃の指導教員とは定期的に連絡を取り合っている。彼女は将来、中国人研究者と共同研究を行い、より多くの学術論文を発表したいと考えている。

3.2 留学前に定められた帰国

このパターンにおける調査対象者4人は、家族に対する責任感や政府との契約によって、留学前に帰国が定められていたという。N氏はガーナの大学で学士号と修士号を取得した後、大学で教務係として働いていた。その後、奨学金を申請して中国に留学し、博士号を取得した。卒業後に彼はガーナに戻った。その理由は、留学前に既に3人の子供がいて家庭があったからである。帰国後、N氏は以前の職場に戻り、そして審査を通って大学の講師となった。ガーナでの生活は楽ではないが、大学での仕事は普通の仕事より恵まれており、生活にはあまり困らないという。彼の子供たちは大学の附属小中学校で学ぶことができ、質の高い教育を受けることができる。このN氏は中国留学の経験に感謝の意を持っており、将来は学術目的で中国を訪れたいと考えている。

L氏は、ガーナで修士号を取得した後、政府機関で働いていた。その後、博士課程で中国に留学した。卒業後、指導教員から研究員の仕事を紹介されたが、彼はガーナに帰国することを決定した。N氏と同様、子供たちと一緒に暮らしたかったことが帰国の理由である。彼は帰国後、大学の講師として働いている。中国の指導教員との学術的な共同研究も続けており、最近の論文の出版費用（1000米ドル）はその指導教員の研究費で賄われたという。しかし、L氏はガーナの経済状況に不満を持っている。彼の話によれば、政府は正しい政策をとっておらず、政治家たちの利益しか考えていない。選挙は常に票を握る金持ちが勝つもので、国に貢献する理想を持つ人々は貧しく、選挙に勝つチャンスはないという。L氏は、「以前は、大学で安定した収入が得られるので、ガーナに定住するのは良いことだと思っていたが、同僚たちは海外に行く機会を探し、私の考え方に影響を与えている。可能であれば、家族を連れて海外の大学で働きたい」と強調した。

H氏は中国で博士課程を修了し、ガーナに戻る予定である。彼は家族の存在が帰国の決断を下す最も重要な理由だと強調した。彼は「もう4年間ガーナに帰っていないので、息子にとても会いたい」と強調した。しかし、機会があれば、彼は中国で働きたいと考えている。ガーナに帰国した友人の中には、オンライン面接で中国での就職が決まった人もおり、それがH氏の自信にもなっているという。

I氏はガーナで学士課程を修了した後、ある政府機関のジェンダー課で働いていた。その時、中国政府との協定に基づき、中国でジェンダー学を学ぶ留学機会を得た。このジェンダー・プログラム（修士課程）に参加したのは、「一帯一路」の加盟国から集まった政府で働く女性たちである。プログラムの手配で、学生たちは中国で様々な都市を訪れ、企業や政府の女性リーダーと交流していた。ガーナに戻ったI氏は、昼間は政府で働きながら、夜は法律を学んでいる。彼女は中国への愛と中国留学の経験への感謝を表明している。I氏は、「中国の女性リーダーたちから影響を受けて、私は今、大きな夢を抱いている。自分の人生のなかで、もっと挑戦していきたい」と語った。彼女は将来的に弁護士になり、自分の法律事務所を持ちたいと考えている。

3.3　長期的な視点で計画される帰国

このパターンにおける調査対象者3人は、ガーナに帰国したいと強く望んでいるが、現在は戻ることを選択していない。F氏は中国での修士課程在籍中に起業した。卒業後は、留学生の起業を支援する企業を経営している。天津市（北京の近くにある都市）は彼のプロジェクトを高く評価し、企業の設立を支援した。F氏の計画は、中国で現在の企業をより発展させることであり、長期的な目標は、ガーナで同様の企業を設立し、若者の起業を支援することである。彼は、「人材は資本が集中している場所に流れる傾向がある。以前は資本が欧米諸国に集中していたが、今は多くの中国人とインド人が海外から戻ってきたように、人材がアジアに向かう傾向が強まっている。アフリカが発展するにはまだ時間が必要であり、多くのアフリカ人が帰国のタイミングを待っている」と話した。

C氏は中国での修士課程を終えた後、中国における医療関係の企業で働いている。彼は教育を支えてくれた両親に感謝し、毎月仕送りをしている。また、知り合いのガーナ人学生の就学を援助しているため、お金を稼ぐために海外で働く必要があるという。故郷のような場所はないとC氏は強調しているが、彼は40歳を過ぎたらガーナに帰国したいと話す。特に、ガーナでは若者に対する信頼感が足りず、よい仕事の機会も限られているため、若者が成功することが難しいという課題があるそうだ。それについて、彼は、「ガーナでは、若者が起業してビジネスで成功すると、違法なビジネスをしているのではないかと疑う人たちがいて、様々な理由を見つけてビジネス活動を阻害し、会社を閉鎖させてしまう。良い仕事に就けるのは、一部のコネクションがある人だけである」と語った。

D氏は高校時代から良い教育の機会を求めて様々な国を転々とし、修士課程では中国に留学した。卒業後、彼は中国の技術企業で働いている。そこで何年か働き、経験を積んでから米国に移住する予定である。彼は、「兄はニューヨークで私と同じITの仕事をしているが、私より4倍も稼いでいる。だから米国に行きたい。海外で十分なお金を稼いだ後に帰国し、大きな家を建てて定年後の生活を楽しみたい」と話した。このD氏は、人は最終的には生まれた場所に戻る必要があることを強調した。それについて、彼は「自然の水を沸騰させて蒸気にすることはできても、沸騰を止めれば水は冷たい液体に戻ってしまう。母国に戻ることは、その水のようなものである」と語った。

3.4 帰国せずに目指す海外移住

このパターンにおける調査対象者3人は、家族や友人を訪問するために時々はガーナを訪ねたいが、定住のためにガーナに帰国する予定はない。A氏は中国で修士課程と博士課程を修了し、現在は中国の大学でポスドク研究員として働いている。彼は将来、中国に継続的に滞在する、または他の国に移住することを考えている。中国に留学する前はガーナの高校で働いていたが、学校は期限内に給与を支払うことができないため、両親に援助を頼まなければならなかった。しかし、A氏は、ガーナの人々の面倒を見ることが自分の責任だと考えている。彼の両親は彼が海外で生活することに賛成し、たまに実家に帰るだけで満足している。加えて、彼の妹がガーナで働いていて、両親の面倒を見てくれるという。

A氏と同様に、G氏も学士課程をガーナで修了し、そしてガーナの高校で働いていた。その後、修士課程と博士課程は中国で修了した。新しい環境に適応できる自信を持つG氏は、自身のキャリア形成を優先しており、滞在する国と場所をあまり重視していない。したがって、帰国する計画がないG氏は「母国を訪問したいが、定住する予定はない。母国では良い仕事は限られているし、両親も私が海外に滞在することに賛成している」と語った。

修士課程修了後、B氏は中国の企業で働きながら、別の米国の企業でもパートタイムのリモートワークをしている。彼は、中国で1年働いて貯めたお金をガーナで貯めるには5年かかると強調した。しかし、B氏は長期的に中国で滞在する予定はなく、最終的な目標は米国に移住することである。両親は彼が外国で生活していることを誇りに思っており、将来は米国の医療資源を利用したいと考えている。さらに彼は、将来自分の子供たちに米国で質の高い教育を受けさせたいと考えている。

4 考察――帰国意志に影響する異なる要因

考察では、「プッシュ・プル」枠組み（Mohamed & Abdul-Talib 2020）を活用し、調査対象者の帰国意志にどのような要因がいかに影響しているかを分析する。本章におけるプッシュ要因とは、留学生が海外に滞在することを後押しする要因であり（母国からプッシュする要因）、プル要因とは、学生が帰国することを促進する要因である（母国へプルする要因）。

調査結果は、家族の絆が帰国の意思決定に大きな影響を与えていることを示している。具体的には、送金を通じて家族を支援しているために、また、家族が海外の教育や医療サービスを享受するために海外に滞在することが挙げられる。家族の圧力により、多くのガーナ人移民が海外に定住し、母国に送金しているという先行研究（Dako-Gyeke 2016）とは異なり、本研究のインタビュー対象者は、家族に恩返しをしたい、あるいは困っている人に援助を提供したいという自身の意志が送金の動機となっている。一方、先行研究（Pinger 2010など）が強調しているように、本調査におけるガーナ人留学生の一部は家族と共に生活するために帰国している。以上の観点により、家族の絆は、家族の状況や個人の価値観の違いによって、帰国決定に影響を与えるプッシュ要因にもプル要因にもなりうることが明らかになった。

本章の医学生と大学研究者はガーナに帰国した場合、安定した収入とキャリア形成が見込まれることが示されており、ガーナにおける特定職業の収入状況と見込みは帰国のプル要因になっている。しかし、高学歴者は仕事や生活環境において様々な選択肢を持っており、ガーナに戻る予定がなく、海外で自己の成長を追求することを優先する者もおり、それが家族からも支持されていることは注目に値する（帰国のプッシュ要因）。加えて、海外で十分な収入を得て、ガーナでベンチャービジネスを発展させた後に帰国を希望する調査対象者もおり、移民が海外で目標を達成した後に帰国することを示している（Makina 2012）。

中国の「一帯一路」政策と中国・アフリカ関係の深化の中で、ガーナにおける中国企業の進出と中国語教育の促進は多くの雇用機会を生み出している。そのような機会を得て、帰国し、中国語教員、企業社員、ビジネスコンサルタントとして働く留学生のケースがある。要するに、中国とガーナの経済関係によって生まれた雇用機会が帰国の重要なプル要因になっている。彼らのキャリア形成は、彼ら自身にとっても、ガーナや中国にとっても有益であり、頭脳循環に貢献する潜在力を持っている。しかし、すべてのガーナ人学生が中国留学を通じてこのような成果を得られるわけではないことに注意する必要がある。一方で、家族の存在や政府との契約により、ガーナに帰国しなければならない調査対象者もいる（帰国のプル要因）。彼らは帰国後、安定した仕事を見つけて、維持することに成功している。しかし、ガーナの経済状況が悪化する場合、政府に不満を持つ人々が再びガーナを離れる可能性がある。彼らは海外により良い仕事の機会を求めるという願望を依然として抱いている。長期的視点から、帰国のプル要因の影響は弱化し、プッシュ要因の影響が強化される可能性がある。

中国に滞在している調査対象者の中には、帰国したいという強い願望を持っているケースが見られるが、機会が限られているため、すぐには帰国しない（帰国のプッシュ要因）。その上、インタビューでは、若者のビジネス活動を阻害し、会社を閉鎖させてしまうケースがあると言及されたように、若者に対する不信感が帰国意欲を妨げている。これは、これまでの研究で指摘されていない文化的なプッシュ要因である。調査対象者の中で、ガーナでビジネスを立ち上げる準備をし、積極的に帰国の機会を求めている者がいるが、それが実現できるかどうかは、社会経済環境に大きく影響される。母国の社会経済状況の改善がない限り、帰還願望を叶えることは難しいと考えられる。

最後に、頭脳循環の状況について検討する。Chand（2019）は、頭脳循環を実現する鍵は、3つのアクター（移民本人、母国、受入国）すべての関与と利益の発生が必要であることを指摘している。本研究では、ガーナ人留学生の視点から、彼らは将来性のある安定した職を見つけ、中国での留学から大きな成果を得たことを示している。留学の便益を実感した彼らは、中国留学の経験に感謝の意を示し、中国語教育や共同研究、中国人投資者へのコンサルティングなど、様々な活動で中国人と関係を維持・発展させていることから、中国は頭脳循環の受益者であることがわかる。帰国した調査対象者は仕事を通じ、ガーナの発展に貢献している。しかし、長期的視点からみると、その貢献が安定しているかどうかは不明である。高学歴者と技術者がガーナの政策や社会経済環境に幻滅すれば、良い発展の機会を求めて再び海外に移住する可能性があり、海外で生活している移民は母国に戻ろうとしなくなるだろう。たとえ移民は送金を通じて母国に貢献できたとしても、彼らが安定して母国に滞在しなければ、ガーナの人材不足は深刻化し、国家の発展は難しくなることが考えられる。

おわりに

本章は、中国に留学したガーナ人学生に焦点を当て、彼らの帰国意志とそれに影響を与えた要因を分析した。考察した結果、経済的要因や心理的要因などが、調査対象者の帰国意志に大きな影響を与えていることが浮き彫りになった。しかし、個人的背景によってその要因が異なり、同じ要因でも、影響の与え方は違うことがわかった。特に、家族の絆は、家族の状況や個人の価値観の違いによって、帰国決定に影響を与えるプッシュ要因にもプル要因にもなりうることが明らかになった。最後に、ガーナ人留学生と中国は頭脳循環の受益者であり、ガーナにとってその利益が不安定であることも明らかになった。本章の知見から、頭脳循環をより深く理解するためには、帰国者と非帰国者を単純に分類するのではなく、個人の意思決定の動機やその背景にある文脈を検討することが重要であることを提示した。

付記
本章は、澤村信英先生の「アフリカ・アジア諸国における教育の普遍化と格差に関する国際比較研究」のＪＳＰＳ科研費１９Ｈ００６２０から補助金を受けたものです。本章の内容は筆者の博士論文の一部として澤村信英先生のご指導を受けており、心より感謝を申し上げます。

参考文献

▽金子聖子（２０１８）「新興国マレーシアで学ぶ留学生の大学から職業への移行――留学生の新たな移動に着目して――」『比較教育学研究』56号、23-45頁。
▽国際移住機関（２０２４）「移住（人の移動）について」https://japan.iom.int/migrant-definition（２０２４年9月9日閲覧）
▽坪谷美欧子（２００８）『「永続的ソジョナー」中国人のアイデンティティ――中国からの日本留学にみる国際移民システム――』有信堂。
▽中国教育部（２００８）『来华留学生简明统计（中国における留学生に関する基礎統計）』教育部国际合作与交流司。
▽中国教育部（２０１８）『来华留学生简明统计（中国における留学生に関する基礎統計）』教育部国际合作与交流司。
▽中国商務部（２０２０）「２０２０年对外投资合作国别指南：加纳（２０２０年投資協力国別報告：ガーナ）」http://

www.mofcom.gov.cn/dl/gbdqzn/upload/jiana.pdf（２０２４年７月12日閲覧）。

▷ 周谷平・阚阅（２０１５）「一帯一路战略的人才支撑与教育路径（一帯一路政策の元での人材育成と教育の道）」『教育研究』36号 10巻、４−９頁。

▷ Allotey, A., & Say. J. (2013). Graduate Unemployment in Ghana: Who Is to Blame? Modern Ghana. https://www.modernghana.com/news/459375/graduate-unemployment-in-ghana-who-is-to-blame.html (accessed 10 July 2024).

▷ Basch, L., Schiller, N. G., & Szanton Blanc, C. (1994). *Nations Unbound: Transnational Projects, Postcolonial Predicaments, and Deterritorialized Nation-states*. New York: Routledge.

▷ Cassarino, J. P. (2004). Theorising return migration: the conceptual approach to return migrants revisited. *International Journal on Multicultural Societies*, 6(2), 253–279.

▷ Campbell, A. C. (2020). Giving back to one's country following an international higher education scholarship: comparing in-country and expatriate alumni perceptions of engagement in social and economic change in Moldova. *Compare: A Journal of Comparative and International Education*, 50(4), 573–591.

▷ Chand, M. (2019). Brain drain, brain circulation, and the African diaspora in the United States. *Journal of African Business*, 20(1), 6–19.

▷ Datta, K. (2009). Transforming South North relations? International migration and development. *Geography Compass*, 3(1), 108–134.

▷ Dako-Gyeke, M. (2016). We never plan to return home: voices of pre-migrant Ghanaian youth. *Journal of Youth Studies*, 19(2), 169–182.

▷ Faist, T. (2008). Migrants as transnational development agents: An inquiry into the newest round of the migration development nexus. *Population, Space and Place*, 14, 21–42.

▷ Findlay, A. M., King, R., Smith, F. M., Geddes, A., & Skeldon, R. (2012). World class? An investigation of globalisation, difference and international student mobility. *Transactions of the Institute of British Geographers*, 37(1), 118–131.

▷ Gmelch, G. (1980). Return migration. *Annual Review of Anthropology*, 9 (1), 135–159.

▷ Makina, D. (2012). Determinants of return migration intentions: Evidence from Zimbabwean migrants living in South

Africa. *Development Southern Africa*, 29(3), 365–378.

▷ Mohamed, M. A., & Abdul-Talib, A. N. (2020). Push–pull factors influencing international return migration intentions: a systematic literature review. *Journal of Enterprising Communities: People and Places in the Global Economy*, 14(2), 231–246.

▷ Oomen, M. J. (2013). *South-South return migration: Challenges and opportunities*. ACP observatory on migration, International Organization for Migration. https://publications.iom.int/system/files/pdf/return_migration_en.pdf (accessed 12 July 2024).

▷ Paparusso, A., & Ambrosetti, E. (2017). To stay or to return? Return migration intentions of Moroccans in Italy. *International Migration*, 55(6), 137–155.

▷ Pinger, P. (2010). Come back or stay? Spend here or there? Return and remittances: the case of Moldova. *International Migration*, 48(5), 142–173.

▷ Saxenian, A. (2005). From brain drain to brain circulation: transnational communities and regional. upgrading in India and China. *Studies in comparative international development*, 40(2), 35–61.

▷ Woldegiorgis, E. T., & Doevenspeck, M. (2015). Current trends, challenges and prospects of student mobility in the African higher education landscape. *International Journal of Higher Education*, 4(2), 105–115.

第十章　マダガスカルにおける学習成果の再考
学校関係者からみたディーセント・ワークとディーセント・シティズンシップ

ラスルナイヴ、アンドリアマナシナ ルズニアイナ
アンドリアリニアイナ、ファナンテナナ リアナスア

はじめに

持続可能な開発目標（Sustainable Development Goal: SDG）4の最初のターゲットは、「適切かつ効果的な学習成果」の重要性を強調している。ここでいう学習成果とは、他のターゲットにおいて定義されており、たとえば、「雇用、働きがいのある人間らしい仕事および起業に必要な技術」（ターゲット4.4）、読み書き能力および基本的計算能力（ターゲット4.6）、「グローバル・シティズンシップ」や「文化多様性と文化の持続可能な開発」を含む「持続可能な開発のための教育および持続可能なライフスタイル」（ターゲット4.7）などが挙げられる。こうした国際的なターゲットにより定義される「学習成果」は、各国の教育政策に反映され、ローカルレベルでも実施されている。マダガスカルにおいては、近年の政策改革により、初等教育修了後にディーセント・ワーク（働き

がいのある人間らしい仕事）にアクセスできるようにすることを、学習成果と捉え、その実現のための措置を取っている（MEN et al. 2017）。また、２０１５年に導入された初等教育カリキュラムを分析したところ、「共生社会」（*fiarahamonina*）を実現するために、ディーセント・シティズンを育成する市民道徳教育にも強い重点が置かれていることも明らかになっている（Rasolonaivo 2019）。

先進国において、グローバル・シティズンシップ教育（Global Citizenship Education: GCE）は、特にグローバル人材の議論では、しばしば雇用可能性と密接に関連してきた（Hammond & Keating 2018）。しかし、「ローカル」シティズンシップ教育（Citizenship Education: CE）と雇用の関連性についてはほとんど明らかにされていない。上で述べたマダガスカルの教育改革は、草の根レベルのさまざまな教育の当事者が参加する全国的な協議に基づいているとされており、政府も国民もディーセント・ワークやディーセント・シティズンシップといった学習成果を求めているとされている。以上を踏まえて本章では、マダガスカルにおいて、教育当事者である親、教員、生徒に焦点を当て、教育の成果としてのディーセント・ワークとディーセント・シティズンシップがいかに認識されているかを探る。

1 先行研究におけるディーセント・ワークとディーセント・シティズンシップ

1.1 ディーセント・ワークの定義

ディーセント・ワークの概念は、1999年にILOによって導入された。この概念には、雇用（雇用機会、適切な報酬、良好な労働条件など）、社会的保護（失業、病気、障害、老後の困窮に対する保障など）、労働者の基本的権利（強制労働、児童労働、適切な労働環境に対する権利、報酬など）、社会的対話（職場のさまざまな集団が自らの権利を求めて交渉し、民主的な方法で職場の機能に積極的に参加する能力など）を含むいくつかの側面が提示されている（Ghai 2003; Anker et al. 2003）。つまり、ディーセント・ワークとは、労働者の願望を満たし、公正な所得、職場の安全、社会的保護、機会均等を提供することを目指すものである（Ajluni & Kawar 2015）。

しかし、ディーセント・ワークに関する研究の大半は、雇用主の観点から、ディーセント・ワークを定義しており、どのような労働環境・労働条件を提供すべきかといった議論に偏っている（Pereira et al. 2019）。また、近年の研究では、ディーセント・ワークについて労働者である当事者の認識を重視した議論が少ないことが明らかになっている（Haiming & Yan 2020）。

マダガスカルにおいては、保護者の視点からディーセント・ワークを考える場合、職場の状況は最優先事項になっていないようである。ディーセント・ワークに関する保護者の認識を調査したところ、保護者は、ディーセント・ワークを公正で合法的なものでなければならないと考えているものの、野心的である必要はないと考えていることが明らかになった。子どももそのような見方をしているようである（Andriariniaina 2024）。

1.2 ディーセント・シティズンシップの議論

哲学的見地において「Good citizen（善良な市民）」には未だ定着した定義がないものの、法律の遵守は、善良な市民として最も受動的な行動として認識されている（Reichert 2017）。Dalton（2008）は、「Citizenship norms（シティズンシップ（市民権）規範）」という概念に言及し、それを「ある社会が共有している政治における市民の役割への期待」（p.78）と表現しており、既存のシティズンシップの定義と密接に関連した4つの広範な原則を概説している。第一に、政治への市民参加は民主的シティズンシップの重要なポイントである。第二に、参加を意義のあるものにするために、善良な市民は十分な情報を得る必要があり、政治的な問題について議論し、他者の意見を受け入れる必要がある。第三に、国家の正当性と法の支配を認めることは、シティズンシップの基本原則である。第四に、シティズンシップの社会的側面を軽視してはならず、倫理的・道徳的責任を伴うべきである。つまり、ディーセント・シティズンシップとは、積極的かつ十分な情報に基づいた政治参加、国家と法の支配の尊重、そして倫理的・道徳的な責任を果たすことであるといえる。

CEは、生徒をディーセント・シティズンに育成するための教育プログラムであり、そのような教育の直接的な受け手である生徒のディーセント・シティズン／シティズンシップへの理解は、さまざまな文脈におけるCEの実践を理解する上で重要なことである（Nygren et al. 2020）。

マダガスカルでは、「シティズンシップ教育」の科目名は、文字通り「ディーセント・パーソン（decent person）になるための教育」（*Fanabeazana ho olom-banona*）を意味し、親は子どもに「ディーセントな」人間になることを期待し、学校において、このような科目の内容を増やすことを求めている（Rasolonaivo 2019）。

1.3 GCE／CEと「ディーセント・ワーク」の関連

ILOのディーセント・ワークの定義には、GCEと一致するいくつかの価値観がある。例えば、積極的な民主的参加、自由、人権、公正と包括の文化、などである。つまり、「シティズン」と「ワーク」の概念には、労働者の育成という点において、密接な関連があるといえる。

実際、GCEは先進国の多くの教育機関、特に高等教育レベルでは、雇用の可能性を高めるセールスポイントとして重要視されている（Hammond & Keating 2018; Pereira et al. 2019）。例えば、イギリスや日本の大学では、GCE の内容が、グローバルに働こうとする卒業生の雇用可能性を高められるように設計されている（Hammond & Keating 2018; Pereira et al. 2019）。このように、GCEは、グローバル人材の育成と密接に関連しているといえる。

発展途上国においては、GCE は各国の教育政策に徐々に導入されており、現地のCEの実践と相互作用しながら発展している（UNESCO 2018）。GCEがグローバル人材の育成に寄与しているのであれば、CEもローカルの人材の育成に影響していることが想像されるが、その実践の実態や相互の関係性は十分に明らかになっていない。そこで、本章では、マダガスカルを事例に、「ディーセント・ワーク」と「ディーセント・シティズン」という2つの概念を用いて、ローカルレベルのCEと雇用のためのスキル教育の2つの教育の学習成果がどのように関連しているかを探る。

2 調査方法——マダガスカルのフィールド調査

筆者らは、2019年9月にマダガスカルのイタシ県でフィールド調査を行った。就学児童のいる7世帯を意図的に選択した。各世帯から少なくとも1人の親に半構造化インタビューを行った。まず、子どもの学校から仕事への移行に関する親の願望を調査し、子どもを学校に通わせて、どのような学習成果を期待しているのかについて聞き取りを行った。その結果、保護者が学習成果として特にCEに関心を寄せていることが明らかになったため、小学校の教員3名と中学校の教員2名へのインタビューを実施し、CEを中心とした子どもたちの教育内容を調査した。また、CEの内容に対する生徒の意識を把握するため、小学生10名、中学生30名、中学校の卒業生10名の計50名を対象に質問紙調査を実施した。フィールドワークは長期休暇中に実施したため、これらの生徒は調査時点でアクセスが可能であった者たちである。

3 結果——当事者の保護者、教員、生徒の経験を分析する

3.1 保護者の考える学習成果

本節では、保護者がマダガスカルにおける学習成果をどのようにみているかを探る。以下は、調査した7世帯の保護者から得た結果である。

(1)ディーセント・ワークへの道

対象者の内、3世帯の親が、就職という点での教育の実質的な成果は、中等教育以降ならあると指摘している。なんらかの資格はあっていいが、子どもの就職を支援できるネットワークを持っていることの方が重要だと考えている。たとえばファンジャ(世帯1の母親)の親戚には運転手が多く、息子が運転手になるのは簡単だと言っている。しかし、息子には公務員になってもらうことを第一に考えていた。父親のランドリアは、そのためには高等教育を修了することが重要であり、自分の息子は警察官、刑務官、裁判所職員になりやすいと付け加えた。

世帯2では、ラクト(父親)とブド(母親)は子どもたちに幅広い教育を望んでおらず、高等教育以上の教育には通わせたくないと語った。彼らは、子どもたちが公的機関や民間企業で働くのではなく、何らかの訓練を受けて自営業者になることを望んでいた。ラクトは、長女がバカロレアを取得し、実習を受け、やがて結婚したと話した。次女もバカロレア(高校卒業資格兼大学入学資

格）を持っているが、公立大学や私立大学に進学させるつもりはない。その代わり、生計を立てることができる分野で私立の職業訓練の機関で教育を受けるよう勧めるつもりである。現在は、彼女が自分のヘアサロンを持てるよう、美容師になるための教育を受けさせることを考えている。ラクトはまた、末の息子にも同じような計画があるが、技術系の高等学校に行かせることも考えている、と述べた。

同様に、ブドも自分の子どもには自分で働いてほしいと考えており、トマトや牛乳といった地元産の農産物を加工するような仕事を提案している。教師のように誰かのために働くことは、自由が制限され、家族のための時間がほとんどとれないからである。

世帯3の母親ラスアは、子どもたちに教育を与えることによって、子どもたちとのコミュニケーションが取りやすくなると述べた。私立学校の学費は高かったが、家族は、カトリック信者として、子どもたちはカトリック教育を受けるべきだと考えていた。現在、若者を教育するのは難しいことだと指摘し、精神的な教育の重要性を強調した。世帯3は、高等教育を修了していなければ、学歴が就職に大きく有利に働くことはないという考えを持っていた。長女はバカロレアを取得し、教師として就職できたが、次女は前期中等教育しか受けず、父親と畑仕事をしながら結婚する機会が訪れるのを待っていた。ラスアは、女の子は結婚を待ち、男の子はバカロレアを持っていないと、ただぼんやりしていることが多い、との見方をしている。ラスアは、親は常に子どもの教育に努めるが、彼女の経験では、子ども自身によるところが大きいと結論づけた。

（2）基本的技能、道徳的・宗教的価値観の教育

他の4世帯の親、特に母親にとって、仕事に就くという点では、学校教育に期待することはほとんどない。彼らにとって、教育とは、数字や読み書き、道徳的・宗教的価値観といった基本的なスキルや「教養」を身につけるための手段であり、「ディーセント・ワークにつながる」という考え方はない。

世帯4の母親ラーリは、子どもの教育が必ずしも就職につながるとは思っていないと述べた。彼女は、多くの若者がある程度の教育を修了しても就職に苦労し、土地を適切に耕すことができないなど、正しいことができずに終わる可能性があると指摘した。ラーリ

写真1　長期休暇に働く児童／アンドリアリニアイナ撮影（2024年8月）

は、子どもたちに勉強はさせるが、やがて子どもたちが勉強を続けたくないと思えば、家族とともに畑仕事をさせると説明した。子どもたちが農業の仕組みを理解すれば、自分で生計を立てられるようになる。ただしラーリは、子どもたちの成功のためには一生懸命勉強することを親として勧めるだろうと付け加えた。勉強してからでも、家の畑で働くことは可能だからである。ラーリの家族のように、畑仕事だけではなく、さまざまなスキルを身に着けるために、学齢期でありながら仕事をする子どもは少なくない（写真1）。

同様に、世帯5の母親であるランディは、学校では得られにくい農村生活で必要なスキルを子どもたちに身につけさせたいと話した。彼女は、勉強だけでは成功は保証されないと強調し、教育が必ずしも期待通りの結果をもたらすとは限らないことを認識している。親のためではなく、子どもたちが将来農業を営む能力を身につけるために、土地を耕すことを奨励しているのだとランディは説明した。彼女は、農村部では多くの若者が幅広い教育を受けながらも、期待するようなディーセント・ワークを確保できず、農民になるための技術も不足していると指摘した。

世帯6の母親ケタカは、正式な教育を受ければ、子どもたちは日常生活に必要な読み、書き、算数の能力を身につけることができるが、高等教育を受けても仕事に就くことはできないと考えていた。一方、世帯7の母親ルバは、読み書きができることに加えて、教育があれば子どもや若者が社会で生きていけるようになると考えていた。学歴は、その人の書き方や話し方に表れるからであると述べた。

（3）学校教育の望ましくない結果

世帯3では、両親は学校教育の望ましくない影響のひとつである早期妊娠を特に懸念していた。長女が自宅から遠すぎる高等学校に通ったことで、妊娠したためである。次女にも気を配るようになり、娘の意思に反して自宅から近い学校を選んだ。世帯3にとって、一家の地位と名誉を維持することが最も重要だと説明した。

世帯1については、教育を受けてしまうと、子どもたちが誰も家業の農業経営に戻ってこないのではないかと心配していた。幸いなことに、息子は戻る気になり、娘も学校の成績は良かったものの、家業を手伝うために戻る気になった。世帯1の子どもたちはこの問題をよく理解し、必要であれば家に戻る意思があることを示した。これは、世帯2が子どもたちに過剰な教育を受けさせたがらないことと、世帯5が農村生活におけるスキルの重要性を重視していることと関係しているように考えられる。

3.2　教員と生徒の視点からみたディーセント・シティズンシップ

基本的な技能、道徳的・宗教的価値観、自営業のための実践的技能、社会で共に生きる力を身につけるための教育の重要性を保護者らが強調する中、教育政策もまた、ディーセント・シティズンを育成する上での学校の重要性を強調している。そこで、学校ではいったい何を教えているのかという疑問が生じる。読み書きや計算は明らかにカリキュラムの一部であるが、保護者や教育政策が強調する、実践的で社会で生きるのに役立つスキルについては明らかになっていない。以下では、教師と生徒の双方が認識しているCEの内容を探る。

(1)教員の視点からみたCEの内容

小学校の学習内容は、国語、算数、フランス語、マダガスカル語といった基本的な教科の他、マナー、衛生、責任、権利の学習など、家庭や学校、社会での振る舞い方を形成するCEがあると小学校の教員が説明した。小学校で一般に知られているCEは「*Tantara sy Fahaiza-miaina*=歴史と生き方」という科目群に含まれており、「*Fahaiza-miaina*=生き方、又は、生き方を知ること」の部分がCEである。対象とした農村部の小学校の教員によると、たとえば、登校前に髪をよくとかすこと、地面に唾を吐かないこと、学校の外でも先生や年長者に会ったら挨拶をすることなど、衛生や礼儀に関する基本的なことを教える必要があるという。

小学校の最終学年である5年生になると、「生き方」の内容は、もはや善行を学ぶことではなく、マダガスカルの国家機関やその歴史、組織に関する一般的な知識を学ぶ。小学校レベルでは全教科を一人の教師が担当しており、対象とした3名の小学校の教員全員が、算数、言語、歴史など他の教科と比べて、授業への参加度や成績において、CEの方が良いという点で共通していた。しかし、上級生になるにつれて、その内容は子どもたちの日常的な現実とはかけ離れたものになっていく。

中学校において、「生き方を知る」という教科が「市民性教育(Civic Education)」という新しい教科になることで、小学校で見られるような善行を学ぶこととはまったく違う内容になっていると言われている。もうひとつ大きな変化は、CEも含めて、すべての教科が完全にフランス語に切り替わることである。子どもたちは、マダガスカルが国民国家であること、世界におけるマダガスカルの位置づけ、民主主義の仕組みについて学ぶ。しかし、生徒が中等教育の上級クラスになると学習する内容がさらに変わり、積極的な参加がみられなくなるなどの授業態度の変化を、教員は指摘した。ただし、そのような変化にもかかわらず、生徒たちはCEの授業を受けることをより熱望し、市議選挙や大統領選挙の話、法的な婚姻の手続き、市民資格などの公的書類の作成など、授業で学んでいることを日常生活で直接活用できるという点で、「単なる理論的なもの」と考えられている他の教科とは異なり、より現実的な学習内容に取り組んでいるという。

小学校と中学校の教員は、学校施設内では規律とマナーが守られているが、外に出ると生徒たちはさまざまな理由でマナーを失ってしまうことを観察しているという。例えば、ある小学校の教員は、村で幼い子どもがトイレから出てくると、母親がズボンを上げてすぐに家に入るように促したことを目撃したと話した。子どもは家に入るのを拒み、まず手を洗わなければならないと大声で泣いた。「母親は驚くと同時に恥ずかしくなった」といった。トイレの後の手洗いなど、基本的な衛生習慣が一般的でない家庭もある。教員にとって、学校教育と家庭教育が矛盾しているこのような事例は、ディーセント・シティズンを育てようとする上で問題である。

（2）生徒の視点からみたディーセント・シティズンシップ

「生き方」の学習に関連して、小中学校とも、生徒の全体的な理解は、CEを社会でうまく振る舞うための準備としてとらえている。しかし、CEについては、生徒のレベルが上がるにつれて、理解度が低下していく。例えば、国連に関する授業や国際機関の略語など、より抽象的で彼らのコンテキストから切り離された概念を学ぶため、内容を理解するのが難しくなると述べている。全体として、小学校レベルでは、生徒が品行方正な人間になるための日常的な良い習慣や慣習を学ぶことに主眼が置かれている。一方、教員の指摘とは対照的に、生徒にとって、中学校の授業内容は、グローバルな文脈にシフトし、民主主義など身近でないものになるため、生徒の参加が消極的になる。

「ディーセント・パーソン」や「ディーセント・シティズン」という概念は、さまざまな特徴が重複しており、異なる分類を超えた道徳的・倫理的価値観の共通理解を反映している。「善良な市民」の定義について、生徒たちは小学校1年から調査当時にかけてCEでみた、さまざまな形容詞をマダガスカル語で挙げていった。主に、*olomendrika*（立派な人）、*olona mahay miaina*（振る舞い方を知っている人）、*olombanona*（まともな人）、*olom-pirenena vanona*（まともな市民）を提示した。最初の3つの用語は、一般的に良い人の資質を定義するもので、小学校でよく使われるが、*olom-pirenena vanona*は「市民」(*olom-pirenena*)という単語が登場する唯一の例であり、一般的に中学校レベルで使われる。

生徒から見た善良な市民という概念の理解は、すべて個人が「*tsara fitondran-tena* = 品行方正」

であることに関連している。このような概念は、マダガスカル語で「*vanona*＝*mendrika*＝まともな」という形容詞に重きを置いており、礼儀正しさ、マナーの良さ、考え方と行動の両方において地域社会の良い手本となることに関連している。生徒たちは、品行方正な人とは、道徳的、肉体的、精神的にバランスの取れた存在で、教えやすく、話しやすく、学ぶことに熱心で、自分のすべきことが分かっていて、整理整頓が好きで、真面目で、祈りが好きな人であると捉えている。品行方正な人のもう一つの重要な資質は、良好で団結した調和のとれた地域社会の確立に貢献するために行動を起こす人である。共同体の仕事に参加する、義務を果たす、共有財を守る、他の人を良い行動に導く、規則を守る、といった責任を負うことも、品行方正な人の特質として挙げられている。

一方、「*olom-pirenena vanona*」すなわち「ディーセント・シティズン」の定義については、生徒の「市民（*olom-pirenena*）」という名詞に対する認識は、「まともな」という形容詞の意味に対する理解ほど明確ではない。上述の「まともな人」についての認識に加えて、多くの生徒が「ディーセント・シティズンとは、18歳以上で、国民IDカードを持っていて、有罪判決を受けたことがなく、汚職をしていない人である」と述べた。また、「まともな国民とは、教養があり、賢く、国に対して責任を持ち、国の発展に貢献する人である」と述べた学生もいたが、その意味について深い説明はなかった。その他、ディーセント・シティズンの定義については、善良なキリスト教徒であること、成熟していること、親切であること、国を愛すること、単なる市民よりも優れていること、などの意見があった。全体として、これらのテーマは、宗教的・伝統的価値観、社会的責任、個人と共同体の幸福へのコミットメントに深く根ざした良識のビジョンを描いている。

4 考察——ディーセント・ワークとディーセント・シティズンシップの関係性

4.1 保護者のCE内容への期待に応える

前で述べたように、マダガスカルのCE教科書を分析した研究では、社会における道徳の低下を認識した保護者たちによって、学校におけるCEの強化を求める声が高まっていることが明らかになった（Rasolonaivo 2019）。この要望は、カリキュラムの内容をよく理解しているというよりも、科目名の文字通りの意味によって引き起こされているように見えるが、実際のCEは、保護者が期待する道徳的価値、礼儀正しさ、さらには宗教性を正確に扱っている。これは特に小学校で顕著である。

一方、中学校のCEは、民主主義、国の制度、選挙、国際機関を扱うため、保護者が期待するものとはかけ離れている。使用される言語はフランス語で、学習内容は地域の文脈から切り離されている。子どもたちをより広い世界へと導くものではあるが、保護者にとっては優先事項ではない。宗教系私立学校のCE科目が子どもたちや保護者に人気がある理由のひとつは、その内容が道徳的・実践的で若者の教育に役立つという点であり、彼らの心に響くからである（Rasolonaivo

2024)。高校も同様だと考えられる。

4.2 「言語」を価値観として学ぶことにより雇用市場にアクセスしやすくなる

多くの先進国では、GCEとグローバル人材に関連して、英語を学ぶことが主流になっているように(Lütge et al. 2023)、マダガスカルのCEにおいても同じようなことが起きていると言える。小学校でCEを教えることは、子どもたちが社会の中で生きやすくなるために、適切な振る舞いや話し方を教えることに大きく関わっている。それは、礼儀正しい言葉遣いや適切なふるまいを身につけさせることに重点が置かれ、時には、子どもたちが生活している環境では慣れない、礼儀正しい言葉を使うこともある。これは、親が適切なコミュニケーション能力を期待すると述べているように、子どもに期待するライフスキルのひとつである。礼儀正しい言葉遣いができれば、社会でディーセント・ワークに就くことができると考えられる。

4.3 期待されていないクリティカル・シンキング

CEでは、子どもたちは年長者に対して従順であるように教えられている。保護者もこの学習成果を期待しており、教育を受けた子どもは話しやすいと述べている。しかしながら、保護者にとって、学校教育の望ましくない学習成果のひとつは、教育を受けた子どもたちが家業を継げなくなることである。統計によると、マダガスカルでは、アフリカ諸国の中でも、家族への義務として、要求されて家族のために働くことを選ぶ若者の割合が非常に高いといわれている(Elder et al. 2015)。

さらに、子どもたちは従順であることを教えられる一方で、学校に行く権利、遊ぶ権利、食料への権利など、子どもとしての権利も教えられる。保護者は子どもたちが将来生計を立てることができるよう、適切な土地の耕し方を学ぶ必要があり、そのために学校を休むこともあるが、子どもたちが受ける教育では、学校に行き、遊ぶ権利があることを学ぶ。しかしCEは、多くの保護者が知らないようなさまざまな習慣を、子どもたちに教えている。それは、環境保全習慣や衛生習慣から、家庭環境ではほとんど見られ

写真2　子どもが暮らす環境／ラスルナイヴ撮影(2019年9月)

ない言葉遣いやマナーまで多岐にわたる（写真２）。家庭で子どもが親やきょうだいに教えるケースもあるが、多くの場合、子どもは親に従う傾向が強く、学んだことを実践できないことが知られている。子どもの学習成果を上げるためには、親への教育の必要性を指摘する教員もいた。

おわりに

ディーセント・ワークとディーセント・シティズンシップは、SDGsで期待されている学習成果に関連する２つの概念であり、マダガスカルの教育政策にも含まれている。本章では、親が子どもを学校に通わせて、右記の学習成果を期待していることが明らかになった。

ディーセント・ワークは伝統的に雇用者の視点から定義されており、労働者に理想的な労働環境を与えようと努力してきた。しかし、保護者の視点からみると、労働環境は最優先事項ではない。ディーセント・ワークは、公正かつ公平な仕事でなければならない。それはディーセント・シティズンシップと密接に結びついている。ディーセント・ワークに就くために、保護者はマダガスカルの小学校におけるCEで伝統的に重点を置かれた概念である「行動」、「道徳」、「宗教」を適切に学ぶことを期待している。これらは、子どもの権利や義務に加えて、小学校のカリキュラムの一部となっている。しかし、中等教育からは、CEと子どもたちの状況との関連性が薄れ始める。

宗教に関係なく、マダガスカルの人々は心、体、魂を教育することの重要性を信じていると言える。これは、さまざまな学校のモットーにも見られる。このような「全人的」といわれる教育を受けた若者は、ディーセント・シティズンとして期待され、ディーセント・ワークに就きやすいと信じられている。

参考文献

▽Ajluni, S. & Kawar, M. (2015). *Towards Decent Work in Lebanon: Issues and Challenges in Light of the Syrian Refugee Crisis*. ILO.

▽Andriariniaina, F. R. (2024). Exploring the Pathway from Education to Decent Employment in Madagascar: A Study of High School Students' and Parents' Aspirations. Presented at the 61st Japan Association for African Studies Annual Conference, Osaka University, May 18.

▽Anker, R., Chernyshev, I., Egger, P., & Mehran, F. (2003). Measuring decent work with statistical indicators. *Int'l Lab. Rev.*, 142, 147.

▽Dalton, R. J. (2008). Citizenship Norms and the Expansion of Political Participation. *Political Studies*, 56(1), 76-98.

▽Elder, S., de Haas, H., Principi, M., & Schewel, K. (2015). *Youth and Rural Development: Evidence from 25 School-to-Work Transition Surveys*. Geneva: ILO. Work4Youth Publication Series 29.

▽Ghai, D. (2003). Decent Work: Concept and Indicators. *Int'l Lab. Rev.*, 142, 113.

▽Haiming, H. & Yan, Y. (2020). An integrative literature review and future directions of decent work. *Global Journal of Management and Business Research*. April, 9-24. https://doi.org/10.34257/GJMBRAVOL20IS8PG9

▽Hammond, C. D. & Keating, A. (2018). Global citizens or global workers? Comparing university programmes for global citizenship education in Japan and the UK. *Compare: A Journal of Comparative and International Education*, 48(6), 915-934. https://doi.org/10.1080/03057925.2017.1369393

▷ Lütge, C., Merse, T. & Rauschert, P. (2023). *Global Citizenship in Foreign Language Education: Concepts, Practices, Connections*. New York: Routledge.

▷ MEN, MEETFP & MESupReS (2017). *Plan Sectoriel de l'Education (2018-2022) [Education Sector Plan (2018-2022)]* . Antananarivo: Ministère de l'Education Nationale.

▷ Nygren, T., Kronlid, D., Larsson, E., Novak, J., Bentrovato, D., Wasserman, J., Welply, O., Anamika, A., & Guath, M. (2020). Global citizenship education for global citizenship? Students' views on learning about, through, and for human rights, peace, and sustainable development in England, India, New Zealand, South Africa, and Sweden. *Journal of Social Science Education*, 19(4), 63-97.

▷ Pereira, S., Santos, N. D., & Pais, L. (2019). Empirical research on decent work: a literature review. *Scandinavian Journal of Work and Organizational Psychology*, 4(1), https://doi.org/10.16993/sjwop.53

▷ Rasolonaivo, A. R. (2019). The representation of civic education in Madagascar: exploring the evolution of textbook contents. *Africa Educational Research Journal*, 10, 123-142. https://doi.org/10.50919/africaeducation.10.0_123

▷ Rasolonaivo, A. R. (2024). School practices and students'perceptions of citizenship education in Madagascar. *Compare: A Journal of Comparative and International Education*, 1-18. https://doi.org/10.1080/03057925.2024.2393114.

▷ Reichert, F. (2017). Young adults' conceptions of 'good' citizenship behaviours: a latent class analysis. *Journal of Civil Society*, 13(1), 90-110.

▷ UNESCO (2018). Global Citizenship Education: Taking It Local. Paris: UNESCO.

第十一章 ヴァヌアツとマダガスカルにおける学歴認識の差異をめぐって
生業観との関連で

白川千尋

はじめに

本書の編者の澤村は、長年にわたってサブサハラ・アフリカを中心とする地域の教育や国際教育協力に関する研究に取り組み、日本におけるこの分野の研究を牽引してきた。その主たる研究対象地の一つはケニアだが、近年ではマダガスカルを対象とした複数の研究プロジェクトを組織し[1]、精力的に現地調査を行っている。これらのプロジェクトに通底しているのは、「持続可能な開発目標（Sustainable Development Goals：SDGs）」に掲げられている中等教育の世界的な普及を、その対象となる個々の国や地域の事情を深く顧みることなく、無償化の方向で一律に推し進めようとする国際的潮流への批判的な問題意識である[2]。プロジェクトに参加した研究者たちの研究成果には、それを裏打ちするような興味深い指摘が認められる。その一つがアンドリアアリニアイナらによるものである。

アンドリアリニアイナらはマダガスカルの首都アンタナナリボに隣接したイタシ県でインタビューに基づく調査を行い、農村の人々の間で中等教育以上の高い学歴が必ずしもポジティヴには評価されておらず、学歴の上昇をより良い収入をもたらす仕事への就業や経済的な安定性の確保と結びつける語りが聞かれないことを明らかにした。彼らはその理由として、キャリア教育や就職支援といった機会や制度が教育機関などで未整備であることや、「高学歴プア」と言えるような状況が存在することなどを指摘している（園山ほか 2020、85頁：Andriariniaina 2022, pp.16-18：アンドリアリニアイナほか 2023、102-105頁）。後者の点に関連して、人々は、多額の教育費を費やして高い学歴を取得したとしても経済的コストに見合った収入を得られる仕事に就くことが容易ではない反面、人々の生業である農業の場合、学歴が低くとも従事でき、ライフサイクルの早い段階から始めればそれだけ収入を多く得ることができる、と捉えてもいるという（アンドリアリニアイナ・澤村 2019、340頁）。

学校教育を受け続けることでコストと時間をかけて高い学歴を取得するよりも、人生の早い時期から農業を始めた方が経済的に良いという以上のようなイタシ県の農村の人々の認識は、先述の澤村の研究プロジェクトに通底する批判的な問題意識とも呼応する。また、中等教育を世界各地で一律に普及しようとするSDGs下の国際的潮流を相対化するものとも位置づけ得るが、高い学歴をもつことを必ずしもポジティヴに評価しない人々の学歴認識の背景を考えるうえで、学歴を積まずとも従事でき、それによって生活を維持して行ける農業の存在を無視することはできない。この点で、人々の学歴認識は生業のあり方とも少なからず関係していると言える。しかし、イタシ県の人々の学歴認識の背景をさらに掘り下げて理解しようとする場合、以上のような特徴をもつ生業としての農業が存在することに留意するだけで果たして十分だろうか。

前置きが長くなってしまったが、本章の目的はこの問いをめぐって考察を行うことである。ただし、その際にはマダガスカルからいったん離れ、私の主な研究対象地の一つであり、それゆえ比較的多くの知見があるヴァヌアツのトンゴア島の人々の例を取り上げながら考察を進めたい。

1 トンゴア島の人々の土地と生業

ヴァヌアツはオーストラリアの北東に南北に連なる約80の島々からなる。マダガスカルと同じ島国とは言え、国土総面積は新潟県と同じくらい（1万2190km²）であり、日本の約1.6倍のマダガスカルとは比較にならぬほど小さい。また、総人口も約30万人のマダガスカルに比べると約33万人と圧倒的に少ない[3]。

ヴァヌアツは1906年にイギリスとフランスの共同統治領となり、1980年に独立するまで両国の植民地であった。この歴史的経緯から独立後には英語とフランス語が公用語となり、小学校以上の学校教育の場では教育言語としても使われている。つまり、ヴァヌアツには英語で教育を行う学校（英語系の学校）とフランス語で教育を行う学校（フランス語系の学校）が並存しているわけである。また、隣国のソロモン諸島やパプアニューギニアでも広く使われ、両国ではピジン語などと呼ばれているビスラマ語も公用語である。これら三つの公用語に加えて、国内各地ではマダガスカル語と同じオーストロネシア諸語という言語グループに分類される約110もの在来語が使われている（Tryon 1996）。

このように言語面では多様性に富むものの、ほとんどのヴァヌアツの人々は伝統的に、主食のタロイモやヤムイモなどの根菜類を中心とした農作物の焼畑耕作を基盤とし、それにブタやニワトリの飼養などを組み合わせた自給自足的な生活を営んできた。本章で取り上げるトンゴア島の人々も同じである。火山活動によってできた複数の低山からなるトンゴアは国内中南部に位置しており、伊豆諸島の三宅島より少し小さいくらい（42km²）である。私は1995年4月から1996年4月にかけて島内に14ある村の一つに滞在し、文化人類学的なフィールドワークを行った。当時の島の人口は約2400人、私が滞在した村は151人であった。

トンゴアの村は複数のナカタムと呼ばれる親族集団から構成されている。これは共通の祖先をもつと認識する人々の集団で、男性は父親と同じナカタムのメンバーとなり、女性は結婚すると夫のナカタムのメンバーとなる。また、同じナカタムのメンバー同士は結婚できない。ここでナカタムに触れたのは、それが人々の生業の焼畑耕作に不可欠な土地を保有する単位でもあるからだ。つまり、土地は特定の個人によって私有されるものではない。これはヴァヌアツのほかの島々でも同様である。トンゴアの人々は自分の所属するナカタムを率いるリーダーから、ナカタムの保有地内にある特定の土地の使用を認められることによって焼畑耕作を行う。

土地がナカタム単位で保有されるものであり、人々はいずれかのナカタムのメンバーであるため[4]、トンゴアでは焼畑耕作を行う土地のない者は理念的には生じないと言える。たしかに私のフィールドワーク当時、そのような窮状に陥っている者は村にはいなかった。しかし、仮に村の人口が著しく増えた場合、三宅島ほどの小島にすぎないトンゴアに土地が無尽蔵にあるはずもなく、土地のない者が出てくるかもしれない。あるいは土地があったとしても、人口増加にともなって各自の使える土地が小さくなり、日々の糧を得るには十分ではなくなってしまうかもしれない。だが、フィールドワーク当時、これらの想定は現実味を帯びたものではなかった。なぜなら村は過疎化と言えるような状況下にあったからである。

私が滞在していた村には10のナカタムがあった。しかし、どのナカタムでも村で暮らしているのはおおむね2世帯、多くても4世帯ほどであり、それ以外の人々は皆島外に移り住んでいた。たとえば私が同居していた世帯の世帯主が所属するナカタムの場合、世帯主夫婦およびその次男夫婦と子どもたちから構成される三世代の世帯と、別の夫婦と子どもたちからなる核家族の世帯の2世帯だけが村に残っていた。前者の世帯主夫婦にはほかに長男と5人の娘がいたが、全員島外で家庭を築き、生活していた。ただし、このナカタムの場合、私が同居していた世帯の世帯主夫婦の次男が当時30歳代、妻が20歳代であり、働き盛りの世代が複数残っていたから未だ良い方だったかもしれない。なかには働き盛りの世代で村に残っている者が女性1人しかおらず、あとは高齢者と子どもだけというナカタムもあった。こうした状況はほかの村でも似たようなものだった。

焼畑耕作を行う土地のない者がいなかった背景には、以上のように在村人口が限られた範囲にとどまっていたということがある。こうしたなかで、村の人々は各自の所属するナカタムのリーダーから認められた土地を使って主食のヤムイモやタロイモをはじめとした作物を耕作し、毎日の食事に必要な食材を得ていた。食材にはほかに飼っているブタやニワトリの肉や卵が用いられることもあり、ときには海から得てきた魚介類が使われる場合もあった。それらを糧とすることで人々は日々の生活を維持していた。この点からすると、焼畑耕作を基盤とし、それに家畜の飼養などを組み合わせたトンゴアの人々の生業は、「はじめに」で取り上げたマダガスカル・イタシ県の人々の農業と同じく、生活を維持して行ける生業と捉えることができる。実際人々と話をしていると、「トンゴアでは金がなくても食べて行ける」という語りを耳にすることがしばしばあった。

また、トンゴアの人々の生業はイタシ県の人々の農業と同じように高い学歴を必要としない。焼畑耕作や家畜の飼養に関する知識や技術は親などから実地で教わることを通じて身につけるものであり、学校で習得するものではない。学歴を積まずとも従事でき、それによって生活を維持して行ける生業が存在するという点で、トンゴアとイタシ県の人々の例は共通していると言える。

2 学歴認識と学校教育

それでは、学歴に対する認識はどうだろうか。トンゴアの人々もイタシ県の農村の人々と同じように高い学歴を必ずしもポジティヴには評価していないのだろうか。これまでの一連のフィールドワークの際にトンゴアの人々や首都のポートヴィラに住むトンゴア出身者たちから耳にした学校教育などに関する語りを振り返ってみると、[5]高い学歴をもつことは総じてポジティヴに評価されていたと言える。この点で、トンゴアの人々の学歴認識はイタシ県の農村の人々とは異なる。

ところで、ヴァヌアツの主産業はオーストラリアやニュージーランド、隣国のフランス領ニューカレドニアなどからの観光客を対象とした観光業であり、観光関連の企業や組織などの管理職や専門職は良い収入の得られる仕事である。ただし、新型コロナウイルス感染症の流行のようなグローバルな社会情勢に左右されがちなそれらの仕事に比べると、政府や地方自治体、国際機関などの職員、つまり各種の公務員やそれに準ずる仕事に就いている者の方が雇用面でより安定しており、給与水準も同じように高い。

しかし、こうした仕事に就くためには一定以上の学歴が必要である。たとえば国家公務員の場合、採用は定められた時期の一括採用ではなく、個々のポストに欠員が生じた際に適切な要件をもつ者を随時公募で採用する形をとる。要件はポストに応じて異なるとは言え、どのポストにも共通する必要最低限の要件というものもある。私は2000年と2001年にポートヴィラで公務員や元公務員を対象としたフィールドワークを行ったことがあるが、[6]その際には公募されたほとんどのポストで、7年制である中等学校（secondary school）の4年次までの課程（中等部、junior secondary）を終えていることが応募するための最低限の要件となっていた。

ここでポートヴィラでのフィールドワーク当時のヴァヌアツの学校教育について概観しておくと、小学校（primary school）は6年制で、公立校の授業料（school fee）は無料であった。ただし、ほとんどの公立校では設備の補修などに必要な料金（contribution fee）を徴収しており、教員と保護者らがメンバーとなって学校単位で組織されている学校委員会（school committee）が金額を定めていた。したがって、金額は学校によって異なり、たとえばトンゴアのある公立小学校は2000年当時、1学期あたり1000ヴァツだったのに対して、[7]ポートヴィラのある公立小学校は2000ヴァツと高かった（白川 2002、170頁）。

小学校6年次には進学試験があり、合格者は中等学校に進学できる。ただし、中等学校は公立校でも授業料があり、多くが全寮制であるため寮費などほかの費用もかかる。中等学校は先述のように7年制で4年次に進級試験があり、合格者は5年次以降の課程（高等部、senior secondary）に進める。[8]そして、7年次まで修了した者には大学進学への道が開ける。ただ、当時国内には南太平洋大学（University of the South Pacific）の法学部しかなく、[9]ほかの学部や大学に進学する場合は国外に留学しなければならなかった。

前節で触れたようにヴァヌアツには英語で教育を行う学校とフランス語で教育を行う学校が並存している。これは独立前の植民地期においても同じであった。ほとんどの場合、英語系の小学校で初等教育を受けた者は英語系中等学校に、フランス語系の小学校で教育を受けた者はフランス語系中等学校に進学する。中等学校に進む場合、先述のように進学試験に合格する必要があるが、英語系とフランス語系の双方で全国規模の統一試験を実施しており、受験者には点数の高い順に希望する学校への進学が認められる。植民地期から2001年のフィールドワーク当時まで、英語系中等学校ではポートヴィラにあるマラポア・カレッジ（Malapoa Collage）、フランス語系中等学校ではやはりポートヴィラのリセ・ドゥ・ブーガンヴィル（Lycée de Bougainville）が最難関とされており、当時ごく少数だった大学進学者のほとんども両校が輩出していた。

3 ある元国家公務員の事例

本節では、前節で概観した学歴と公務員への就業をめぐる関係について、ポートヴィラの公務員や元公務員に関するフィールドワークで得たトンゴア出身の男性Aの事例を取り上げることで[10]、より具体的にみてみたい。

2001年当時43歳だったAは、1998年まで国家災害対策局（National Disaster Management Office）の専門職として勤務していた元国家公務員である。トンゴア出身の彼は島の英語系小学校を卒業後、ポートヴィラのあるエファテ島の北部のオネスア・ハイスクール（Onesua High School）という全寮制の英語系校に進学した。植民地期だった当時トンゴアには小学校しかなかったため、進学するには島を出る必要があった。Aの父親は子どもたちの教育費を稼ぐためにポートヴィラに出て建設会社の労働者となっており、Aの授業料や寮費などの学費もその収入から賄われていた。

ところが、Aが未だオネスア・ハイスクールの1年次に在籍していたときに父親は交通事故で他界してしまう。この突然の不幸のために学費を支払う目途が立たなくなってしまったAは中退の瀬戸際に追い込まれた。しかし、事故の加害者で父親の働いていた建設会社の経営者でもあったイタリア人が、事故の責任をとってAの学費を支援し続けてくれた。そのため彼はオネスア・

ハイスクールで3年間学んだ後、さらにマラポア・カレッジに進み、そこでも3年間学ぶことができた。無事学業を終えたAはポートヴィラの複数の政府機関で非常勤の仕事をし、1986年に公共事業省（Ministry of Public Works）で常勤職を得た後、1992年から1998年まで国家災害対策局に勤務した。

Aは1998年から始まった行政改革（Comprehensive Reform Program）の一環である国家公務員削減策の対象となり、退職を余儀なくされたが、その頃の月収は5万8000ヴァツであったという。1999年の国勢調査によれば、ポートヴィラなどの都市部の就業者のなかでもっとも多いのは小売店の店員などの販売業の従事者（shop market sales workers）であり、続いて家政婦や掃除婦などの単純労働者ないし初歩的仕事の従事者（elementary workers）である（National Statistics Office 2000, p.183）。前者の一般的な月収は2万から4万ヴァツ、後者は1万から3万ヴァツの間であり（National Statistics Office 1999, table 5.4）、それらに比べると国家公務員当時のAの月収が高額であることがわかる。なお、政府機関の管理職などの上級公務員ともなると、都市部の就業者ではもっとも高い10万ヴァツ以上の月収を得ている者もいる（National Statistics Office 1999, table 5.4）。

Aが学校教育を受けていたのは独立前なので、前節で述べた独立後の学校教育とは制度的な違いも若干あるが、彼が在籍したオネスア・ハイスクールは独立後の中等学校の中等部に、その後さらに進学したマラポア・カレッジは高等部に相当する。前節では2000年と2001年のフィールドワーク当時、中等部を終えていることが国家公務員の公募に応募するための最低限の要件となっていたことに触れたが、Aはすでに独立前の時期にこれを満たしていただけでなく、さらに高等部でも学んでいたことになる。しかも彼が進んだマラポア・カレッジは、先述のように植民地期から英語系中等学校で最難関とされていた。したがって、彼の学歴は高いものであったと言えよう。

Aがポートヴィラで国家公務員という恵まれた仕事に就くことができた要因として、学歴の高さは、唯一とまでは言えないにせよ、中心的なものであったことは間違いない。彼が高い学歴を取得できたのは学業面におけるその秀でた能力によるところが大きい。それがあってこそ、Aは進学試験を突破してオネスア・ハイスクールへ、そして最難関校のマラポア・カレッジへと進むことができた。

しかし、どちらの学校にしても授業料や寮費などの学費が必要であり、どれほど成績優秀であったとしても支払えなければ学び続けることはできない。事実Aは父親の突然の死によってオネスア・ハイスクールからの中退を考えざるを得ない事態に直面した。あらためて指摘するまでもないことだが、学歴を積んで行くためには本人の学力はもとよりその親や親族などの経済力もまた重要である。次節でみるように、その重要性は独立以降、Aが学校教育を受けていた植民地期よりも一層高まっている。

4 学歴と経済的負担

繰り返し述べてきたように、2000年と2001年のフィールドワーク当時、公募に出る国家公務員のほとんどのポストでは中等学校中等部を終えていることが応募するための最低限の要件となっていた。しかし、現実的にはあくまでも「最低限の要件」にすぎず、もはやそれで十分とはまったく言えない状況であった。独立以降、中等部までの課程を終える者が増えるとともに、公務員は観光関連の仕事などとならんで人気の高い職業となり、公募をめぐる競争もきわめて厳しくなっていたからである。それを突破してポストを得るためには高等部を終えていること、ひいては大学卒業などの高い学歴をもっていることがより望ましいと目されるようになっていた。

しかし、当時のヴァヌアツで大学進学者を輩出している中等学校はすでに触れたようにマラポア・カレッジやリセ・ドゥ・ブーガンヴィルなど数校に限られており、いずれも進学試験で優れた成績をあげねば入学できない。このため、難関中等学校に子どもを入れたいと願う親たちは、一般の小学校よりもレベルの高い教育を行っているとされる小学校で子どもを学ばせようとしていた。この点で、公務員を目指す者には、教育水準の高い小学校から難関中等学校、そして大学へという進路が理想的なものになっていたと言える。

だが、それを現実のものとするためには、本人が学業面で優秀なだけでなく、長期にわたって教育費を負担し得る経済力が親などにあることも不可欠である。中等学校や大学の学費に多くの支出が必要であることはもちろん、教育水準の高いとされる小学校もまた多額の学費がかかる。ポートヴィラに集中しているそうした小学校のほとんどが私立校であるためだ。たとえばマラポア・カレッジへの進学者を常に数多く輩出しており、英語系小学校のなかでは国内でもっとも充実した教育を行っていると評判だったポートヴィラのセントラル小学校（Central Primary School）の場合、2000年当時、1学期あたりの学費が1万7000ヴァツであった。これは第2節で触れたトンゴアやポートヴィラの公立小学校の費用（1000から2000ヴァツ）と比べて桁違いに高いばかりか、中等学校のマラポア・カレッジ（1万4800ヴァツ）やリセ・ドゥ・ブーガンヴィル（1万8000ヴァツ）の学費に匹敵する[11]（白川 2002、170頁）。

そのような小学校での6年間を起点として中等学校、さらには大学で子どもが学び続けて行く場合、親は10年以上にわたって多額の学費を負担しなければならない。ポートヴィラで公務員などの安定した仕事に就いている者には可能かもしれないが、トンゴアで焼畑耕作を基盤とした自給自足的な生業に携わりながら生活している者には不可能に近い。それゆえ前節でみたAの父親のように、ポートヴィラへの出稼ぎなどによって子どもの教育費を工面しなければならないことになる[12]。トンゴアが過疎化とも言える状況下にあり、働き盛りの世代が少なくなってしまっていた背景には以上のような事情も関係している。

おわりに——学歴認識と生業観

トンゴアを離れるのは働き盛りの世代だけではない。島には植民地期にも私が1995年から1996年にかけてフィールドワークをしていた頃にも中等学校がなかったので、中等学校への進学者はAのようにトンゴアを出なければならなかった。他方で、中等学校に進学しなかった者はどうかと言えば、彼ら彼女らの多くもまたすでに島外に出ている親や兄弟、親族の伝手をたどって島を離れていた。行く先はほとんどの場合、ポートヴィラである。

ポートヴィラには多数のトンゴアの人々が移り住んでいるため、トンゴア出身者の集住地区が複数ある。そうした地区を拠点としつつ、島から出てきた若者たちは仕事を探すことになる。男性の場合、主な仕事は建設現場や港湾などの労働者、女性の場合は家政婦や掃除婦などである。しかし、仕事にありつけずに仲間と地区周辺や街中をぶらついている者も多い。職に就いていない多くの地方出身の若者たちがポートヴィラに滞留していることは、政府関係者などの間でしばしば社会問題として取り上げられ、政治家などのなかには、仕事のない若者たちも出身地に戻れば土地があり、暮らして行けるのだから、出身地に強制的に送り返した方が良いと主張する者もいた。たしかにトンゴア出身の若者たちも島に戻れば自分のナカタムの土地を使って焼畑耕作を行うことができ、収穫物を日々の糧とすることで食べて行けるだろう。しかし、そうしたメリットがある（「トンゴアでは金がなくても食べて行ける」）にもかかわらず、多くの若者たちは焼畑耕作などを生業として生活して行くことにあまり魅力を感じていないようだった。

機械化と無縁なトンゴアの焼畑耕作では、すべての作業を掘り棒や鉈などのシンプルな農具を使って手作業で行う必要がある。なかには叢林の伐採のような重労働をともなう作業も少なくない。また、その結果、得られる収穫物は自家消費され、現金収入を得るために販売されることはまずない。皆同じような作物を作っているため、島内には販路がないのだ。販売するとすればポートヴィラの市場が候補となるが、船や飛行機で輸送しなければならず、輸送コストの方が高くついてしまう。

そのような自給自足的な生業に従事しながらトンゴアで日々を送るよりも、ポートヴィラで暮らすことに魅力を感じている者の方が若者たちには多いようだった。過疎化した島と比べてポートヴィラには同世代の者も多く、現金収入を得られる仕事も（手にすることは容易ではないが）あり、都市的刺激に満ちている。だからこそ、中等学校に進学しなかった者も多くがトンゴアにとどまらず、ポートヴィラに出て行ってしまうのだろう。また、働き盛りの世代にしても、生活のあらゆる局面で欠かせない現金を得られる仕事が島にはほとんどないため、島外でそうした仕事に就いている家族や親族の支援に頼るか、Aの父親のように自ら島の外に出て現金収入を得る道を探らねばならない。こうしたなかで、高い学歴を得ることはポートヴィラなどで生活して行ける可能性、しかもそこにおいて経済的に安定した仕事に就ける可能性を高める。それゆえ人々は高い学歴をもつことをポジティヴに評価しているのである。

さて、ここまでみてきたトンゴアの人々の例を念頭に置きつつ、マダガスカル・イタシ県の農村の人々の例に戻って本章を締め括りたい。トンゴアの人々の学歴認識を考えるうえで、焼畑耕作を基盤とした自給自足的な生業に対する人々の見方（生業観）を無視することはできない。トンゴアの人々の生業は、それによって生活を維持して行くことのできるものではある反面、魅力的なものとは捉えられておらず、学歴を積むことに代わる積極的な選択肢となり得ていない。高い学歴を得ることが総じてポジティヴに評価されている背景には、こうした生業観をめぐる事情もあると考えられる。

この点を念頭に置くならば、イタシ県の農村の人々が高い学歴を必ずしもポジティヴには評価していない背景を掘り下げて理解するためには、学歴を積まずとも従事でき、それによって生活を維持して行ける生業としての農業が存在することに留意するだけでは十分ではないだろう。農業に対する人々の見方も考慮に入れねばなるまい。それに関して言えば、焼畑耕作を基盤とした自給自足的な生業を魅力的なものと捉えていないトンゴアの若者たちとは異なり、イタシ県の農村の人々は自分たちの農業を魅力あるものと捉えているのではないか。そして、そのようなポジティヴな生業観をもっているからこそ、人々は高い学歴を必ずしもポジティヴには評価せず、学歴を積むことよりも農業に従事することの方を評価しているのではないだろうか。しかしながら、これらの指摘は現段階では仮説にすぎない。その検証は今後の課題としたい。

注記

[1] それらはいずれも科学研究費によるプロジェクト（課題番号２６２５７１１２、１９Ｈ００６２０、１９Ｋ２１７６６）である。このうち１９Ｋ２１７６６には私も研究分担者として参加し、新型コロナウイルスの世界的流行によって一度だけになってしまったが、マダガスカルで短期調査を行う機会に恵まれた。本章はこのプロジェクトの成果の一部とも言えるが、プロジェクトに加えてくださった澤村信英先生、および調査の際に終始同行してくださり、インタビューの調整や通訳を務めてくださったアンドリアリニアイナ ファナンテナナ リアナスアさんと、ラスルナイヴ アンドリアマナシナ ルズニアイナさんに、ここに記して心より御礼申し上げます。

[2] たとえば１９Ｋ２１７６６の研究成果報告書（下記ＵＲＬ）ではそうした問題意識が端的に述べられている。https://kaken.nii.ac.jp/ja/file/KAKENHI-PROJECT-19K21766/19K21766seika.pdf（２０２４年8月30日最終アクセス）

[3] これらはいずれも世界銀行による推計値である（下記ＵＲＬ）。https://data.worldbank.org/country（２０２４年8月30日最終アクセス）。

[4] 両親のうち父親がトンゴア出身者ではない者はナカタムのメンバーになれない可能性があるが、トンゴア出身者の母親の祖父のナカタムのメンバーとして認められるなど、実際には柔軟な対応がなされる場合がほとんどである。

[5] 私はこれまで１９９４年、１９９５年から１９９６年、２０００年、２００１年、２００６年、２０１３年、２０１４年、２０１５年の計8度ヴァヌアツでフィールドワークを行っており、１９９５年から１９９６年にかけてのトンゴアでのフィールドワーク以外はすべてポートヴィラを対象地としている。

[6] このフィールドワークの成果については別稿で詳細に取り上げたが（白川 ２００２）、本節から第4節にかけての論述の一部はこの別稿の一部と内容的に重複する部分がある。

[7] ヴァツはヴァヌアツの通貨単位で、２０００年8月の為替レートでは1ヴァツが約1・1円であった。

[8] ２０００年時点でヴァヌアツには58校の中等学校があったが、高等部があるのはそのうち14校にとどまり（Ministry of Education, Youth and Sports 2000）、中等部しかない学校の生徒で進級試験に合格した者は転校する必要があった。また、高等部がある14校のなかでも7年次までの課程があるのは後出するマラポア・カレッジやリセ・ドゥ・ブーガンヴィルなど数校に限られ、大半は6年次までしかなかった。

[9] 南太平洋大学はオセアニア島嶼部の12カ国・地域が共同で設立した公立大学で、メインキャンパスはフィジーの首

都スヴァにあり、ここで述べたようにヴァヌアツのポートヴィラには法学部が、またサモアの首都アピアには農学部が置かれている（渡辺2010）。

[10]このポートヴィラ在住のAの事例は注6で言及した別稿でも取り上げたが、そこでは彼をIとしている。

[11]ここで触れたリセ・ドゥ・ブーガンヴィルの学費には寮費が含まれており、マラポア・カレッジには含まれていない。また、中等学校の学費（授業料、寮費、そのほかの経費を合わせた費用）は同じ学校でも学年によって異なる場合がある。なお、先述のセントラル小学校の学費1万7000ヴァツは授業料とそのほかの経費を合わせた額である。

[12]トンゴアで現金収入を得られる仕事に就いている者は小学校の教員、保健所の看護師、行政関係者など少数に過ぎない。私が滞在していた村にそうした人々はおらず、焼畑耕作などのかたわら、ポートヴィラから仕入れた限られた種類の食品や日用品を扱う非常に小さな店を開いている者が1人いるだけだった。

参考文献

▽アンドリアリニアイナ、ファナンテナナ リアナスア・アンドリアマナシナ ルズニアイナ ラスルナイヴ・園山大祐（2023）「マダガスカル農村部における学校から仕事への移行──社会経済的地位による家族の意思決定に着目して──」澤村信英・小川未空・坂上勝基編『SDGs時代にみる教育の普遍化と格差──各国の事例と国際比較から読み解く──』明石書店、87-108頁。

▽アンドリアリニアイナ、ファナンテナナ リアナスア・澤村信英（2019）「マダガスカル農村部における子どもの就学から就業への軌跡──生徒の志望と就職の機会に着目して──」澤村信英編『発展途上国の困難な状況にある子どもの教育──難民・障害・貧困をめぐるフィールド研究──』明石書店、326-347頁。

▽白川千尋（2002）「ヴァヌアツ・ポートヴィラにおける『都市富裕者層』の位相」塩田光喜編『島々と階級──太平洋島嶼諸国における近代と不平等──』アジア経済研究所、151-205頁。

▽園山大祐・ファナンテナナ リアナスア アンドリアリニアイナ・アンドリアマナシナ ルズニアイナ ラスルナイヴ（2020）「マダガスカルの教育政策の変遷と格差是正──職業へのアクセスに着目して──」『国際開発研究』29巻2号、75-87頁。

▷渡辺文（２０１０）「南太平洋大学——12の国・地域が共同出資した学びの舎——」吉岡政德・石森大知編『南太平洋を知るための58章——メラネシア・ポリネシア——』明石書店、２７２–２７５頁。

▷Andriariniaina, F. R. (2022). Exploring parental involvement in school to work transition in rural Madagascar: Focusing on parents' expectations of education outcomes. *Journal of Kyosei Studies*, 6, 1-22.

▷Ministry of Education, Youth and Sports (2000). *Statistical Annual Book Year 2000: Primary and Secondary Education*. Ministry of Education, Vanuatu Government.

▷National Statistics Office (1999). *Vanuatu Household Income and Expenditure Survey: Tabulation Report 1998*. National Statistics Office, Vanuatu Government.

▷National Statistics Office (2000). *The 1999 Vanuatu National Population and Housing Census: Main Report*. National Statistics Office, Vanuatu Government.

▷Tryon, D.T. (1996). Dialect Chaining and the Use of Geographical Space. In J. Bonnemaison, K. Huffman, C. Kaufmann & D. Tryon (eds.), *Arts of Vanuatu*. Crawford House Publishing, pp.170-181.

まとめにかえて

本書は編者の一人の定年退職を機として企画されたものである。その点では記念論文集ではあるが、教育開発や国際協力など、発展途上国での教育分野の調査研究をめざす方々に手に取っていただき、ご批判も含め何か感じ取っていただくところがあれば、これほどうれしいことはない。ここに集録した論文は、大阪大学の国際協力学ゼミに関わりをもつ研究者により執筆されたもので、個性豊かなフィールドワークを基礎とした研究成果の一部を短くまとめてもらったものである。教員も含め、同じゼミで育ち、育てられながら、これほど多種多様で独創性のある研究が展開されていることにあらためて驚く。それと共に、それぞれが得意とするテーマと分析視角を駆使して寄稿してくれたことに、感謝の気持ちでいっぱいである。統一感のある書籍に仕上げることは容易ではないが、本書の場合、その副題にある「国際協力を歩く、フィールドの声を聴く」が通奏低音になって一体感を醸し出しているように思える。

各章に共通して描写されているものは、途上国の人々の決してあきらめない強くしなやかな生き様だろう。特に第一部と第二部を中心に考察されている被支援者（援助の受け手）と目されている人々のレジリエンスの高さには、日本で大きな心配もなく生活できる我々からすると、驚く以上に敬意と共にただただ頭が下がる思いである。押し売りのような支援も時にあるが、理不尽なことが起こっても、口に出すことはあまりない。草の根の人々には、泣き言を言ったりする時間もなく、文句を言いに行く相手もいない。それでも、日本から我々が訪れ、調査研究という相手にとっては理解しがたい、往々にして身勝手な目的のために、時間を取って話を聞かせてくれる優しさと寛容さには、感謝以外にない。

本書の内容としては、「第一部――教育の機会をまもる」「第二部――教育政策にゆらぐ」「第三部――生活の文脈からえらぶ」の3部構成としているが、通読していただくと、複数の章にわたってそれぞれの関心によって横糸を通すこともできる。このような横糸は、非常に人間的な事柄が背景にあり、政策や数値を見ているだけでは、あまり捉えられなかった点である。ここで浮かび上がることは、本書の中に登場する多くの人々は、自らが貧困層にあり生活が決して楽ではない中で、より厳しい環境にある人々に対する共感と理解があることである。

例えば、横糸としてまず見えてくるのは、家族や支援者に対する恩返しをしたい、支援に報いたいという感謝の気持ちが行動の背景にあることである。家族の生活を維持するために自己の役割を積極的に果たそうとしているようにも見える。家族や友人との関係が就学継続の動機になったり（8章ケニア）、家族の絆やその状況が留学先からの帰国の決定要因であったり（9章ガーナ）、教育費用を捻出するために出稼ぎに出る父親がいること（11章ヴァヌアツ）などである。同じ社会環境にありながら、相対的に自分たちは恵まれているという思いから、様々な形での助け合い、相互支援が行われている。

次に、忘れてならないのは、情熱をもって学校の現場に立つ教師とその同僚性、連帯意識である。このような自己犠牲を厭わない教師の存在のおかげで、厳しい環境に置かれた子どもの学習や支援が成立していると言ってもよいかもしれない。スラムにある学校で働く教師（1章ケニア）、難民が中心となる学習センターの教師（2章マレーシア）、女子生徒を支援する経験豊富な女性教員（7章ウガンダ）などである。このような親代わりともいえる献身的な教師がいなければ、困難な状況にある子どもは救われないままである。

さらに、国際的あるいは外部からの支援の難しさを教えてくれるのが南アフリカ（3章）、ヨルダン（4章）、ウガンダ（5章）、マラウイ（6章）の事例である。「人間の尊厳」を無視するような支援の強要、難民の地域統合へ向けた「一時的な物理的統合」、「統合型教育支援」の想定外の効用と副作用、援助機関に翻弄され「教職の社会的価値」を落としてしまうなど、現場に近づけば近づくほど、援助の問題点が見えてくる。

外部からの支援は、必要な人々のもとになかなかうまく届かないものである。そもそも、必要なものが何なのか、本当に必要なのか、誰がそれを決めるのか、「人々」と言ってもニーズは様々である。支援の内容は、概して援助する側の論理で決められることが多いが、かといって被援助者が望むものを提供することが必ずしも正しいとも考えられない。無駄になる援助であればまだ良いが、逆効果、（取り返しのつかない）副作用が大きいケースもある。もし、国際協力がうまくいっているように見えるとすれば、その背後にあるのは、受け手側の努力と我慢であるようにも思える。

最後に、マダガスカルの事例（10章）は示唆的である。学校教育は万人にとって有益であるという思い込みがあるが、中等教育以降になると社会的環境によっては、必ずしもそうではない場合があり、懐疑的であるべきことを教えてくれている。現在の国際的な潮流は、学校での就学期間を少しでも延ばすことが目的化している面があるが、その先には何があるのだろうか。この道を進めば、人々は幸せになれるのだろうか。グローバルな開発目標が設定され、各国、各地域のローカルな文脈が軽視されているように思える。

本書の各章は、研究者としての個性と立ち位置がよく表れていて、人生の最終コーナーを迎えようとしている者にとっては、眩しいばかりの輝きを発している。将来、もっと範囲を広げて深掘りしていくだけの研究価値のある貴重な「宝」が埋まっていることは間違いない。このような元指導学生を含めた研究者と大阪大学で教員生活を送れたことは、この上なく幸せなことであったと深く感じている。

澤村信英

あとがき

〇〇学派、という言葉を私が初めて耳にしたのは大学生の頃だったと思う。非常に崇高で堅いイメージを抱いていた。辞書をひくと「学問の流派」とある。自分が研究に足を突っ込み始めると、はたして「学派」というものがどう醸成されるのだろうかと思うようになった。研究の対象、あるいは研究の手法や理論を同じくする以上の、何か響き合うものがあって醸成されるものなのだろうと想像した。

澤村信英先生が率いる大阪大学大学院人間科学研究科の「国際協力学ゼミ」に私も同じ分野の教員として参加し始め、「学問が培われる場所」とはこういう場なのだろうと徐々に実感していった。複数の教員、ポスドクの研究員、大学院生、そして時には学部生もゼミに参加し、場を共にし、それぞれの研究関心を共有し、学び合う。時には厳しい批判にもさらされ、でも、だからこそ一生懸命頭を使い、ともに考え、響き合う。これが定期的に長期で継続される。また、いわゆるゼミの時間外にも、茶菓子やお酒をお供に、フィールドワークの裏話を聞いたり、研究やそれ以外の悩みを語り合ったりする。さらに、フィールドワークを共にするケースもある。学派、などという大袈裟な枠ではないかもしれないが、同じ土壌で水と光を与えられ育った研究者たちは、研究に対するアプローチや姿勢において通じ合うものが備わるのだろう。

今回、澤村信英先生が2025年の春に定年退職されるにあたって、その記念論集として本書は編まれた。本書の共編者という役回りの幸運を得て、各執筆者から上がってきた原稿を一本一本読む中で、フィールドへの愛情ある眼差しや文脈まで踏まえて包括的に理解しようとするアプローチの類似性に驚くとともに、澤村先生の指導と国際協力学ゼミが「学問を培う場」であったことを改めて実感した。

本書の副題である「国際協力を歩く、フィールドの声を聴く」は、澤村先生の半生、そしてフィールドでの澤村先生の姿を思い浮かべて、共編者の小川先生と杉田が話し合う中で案出された。健脚で好奇心旺盛な澤村先生は、フィールド先でもあちこち歩き回り、気が付くと「調査対象者」ではない人からもよもやま話を聴いている。学校の教員や生徒にインタビューするときも、コミュニティの一員であり生活者でもある教員・生徒の別の顔を忘れてはいない。

そして、「国際協力を歩く、フィールドの声を聴く」澤村先生の後姿に、本書の各章の執筆者も重なることは、本書を読み終えてくださった読者の方々には理解していただけたのではないか。「途上国の教育」という大きなお題を軸に、フィールドワークをベースにした質的調査をおこなっているからこそ、各章の執筆者は、地域に生きる立場の異なる一人ひとりの声が聴こえるのだと考える。本書は、国際協力を現場から捉えてみたい人、途上国の学校の現状について学びたい人、教育のかたちを問い直してみたい人の心に残る一冊になったのではないかと自負している。

本書籍の出版にあたっては、左右社の代表である小柳学様に大変お世話になった。学術書であれば、一般的には科学研究費の研究プロジェクトなどと連動させて数年前から企画し、出版助成金を確保して出版に漕ぎ付けるものなのだろう。そうした着々とした準備がないまま、澤村信英先生の退職記念論集をつくりたいという想いだけが先行していた。限られた時間と予算で本書をどういうかたちで出版することができるのか、編者の小川先生と杉田で右往左往しているなかでご相談に乗って頂いたのが、カンナ社の石橋幸子様であった。そして石橋様から「信頼できる出版社」として繋いで頂いたのが左右社である。かなりタイトなスケジュールであったにも関わらず、小柳様、そして同じく左右社の渡邉麻由様には手際よく前に進めて頂いた。こうして、澤村先生が「卒業」される春にこの一冊を手に持つことができることに、心より感謝の意を述べさせて頂きたい。

杉田映理

アンドリアリニアイナ、ファナンテナナリアナスア　Andriariniaina, Fanantenana Rianasoa

①大阪大学大学院人間科学研究科・助教

②"Community Involvement in School Management in Madagascar: Government Policies and School Practices." *Journal of Kyosei Studies*, 8, 184-99（共著、2024年）、『SDGs時代にみる教育の普遍化と格差——各国の事例と国際比較から読み解く——』（分担執筆、共著、明石書店、2023年）

③2015年10月に指導教員を依頼した際、初めて澤村先生にコンタクトを取りました。教育政策の比較を考えていたところ、「人間科学研究科はフィールド研究を推奨しているので、政策・実践の比較分析はどうか」と提案されました。2017年2月にマダガスカルの農村部とケニアのスラムでフィールド調査をご一緒させていただき、現在もフィールド調査を基に研究を続けています。

小川未空　おがわみく

①大阪経済大学国際共創学部・講師

②『SDGs時代にみる教育の普遍化と格差——各国の事例と国際比較から読み解く——』（共編著、明石書店、2023年）、『ケニアの教育における格差と公正——地域、学校、生徒からみる教育の質と「再有償化」——』（単著、明石書店、2020年）

③初めてお会いしたのは、大学4年次の研究室訪問でした。電車を乗り違えて遅刻してしまいましたが、研究室までの道のりを丁寧に示していただき、お茶やコーヒーをご馳走になり、お土産にご著書を複数いただき、研究科の出口までお見送りいただいた頃には3時間も経っていました。今となっては澤村先生のお人柄を象徴する貴重な出会いだったと思います。

金子（藤本）聖子　かねこふじもと せいこ

①東洋大学国際学部・准教授

②『フィールドワークで世界を見る――ひと・社会・まちを知るための11のアプローチ――』（分担執筆、朝倉書店、2024年）、『国際移動時代のマレーシア留学――留学生の教育から職業・移民への移行――』（単著、明石書店、2023年）

③今から約9年前、博士課程で指導を受けたいと澤村先生に初めてコンタクトした時には、かなり厳しいことを言われた覚えがあります。入学後は、同じ大学の工学研究科で助教をしていて余裕のない私に対し、現地調査・論文執筆という明確な目標を示してくださいました。丁寧に論文執筆を指導して頂いたこと、研究費の重要性を説いてくださったことが今につながっています。「読み物としては面白いが論文になってない」「論文なんてものは2週間あれば書ける」など、数々のお言葉が忘れられません。

ガラーウィンジ山本 香　がらーうぃんじやまもと かおる

①上智大学総合人間科学部教育学科・科研リサーチフェロー

②"Remedial education program for Syrian refugees: Ensuring their learning during a protracted crisis," *International Journal of Comparative Education and Development*, 26(1), 1-16（共著、2023年）、『緊急人道支援の世紀――紛争・災害・危機への新たな対応――』（分担執筆、ナカニシヤ出版、2022年）。

③澤村先生には学部3年生から博士修了までの7年間お世話になり、11回のフィールドワークと、学会参加も合わせれば8か国にお供させていただきました。メール返信の速さも含め先生から学ぶことは数えきれないほどありましたが、フィールドの日常を研究に落とし込むスキルだけでなく心構えを何より先生の背中から教えていただきました。

川口 純　かわぐち じゅん

①慶應義塾大学文学部人文社会学科・准教授
②『SDGs時代のインクルーシブ教育——グローバルサウスの挑戦——』（編著、明石書店、2024年）、『国際バカロレア教育研究の最前線——実践・研究から見えてきた現状と展望——』（共編著、学文社、2024年）
③澤村先生には私が院生の時より、大変、良くして頂きました。これまで学会参加や書籍執筆の機会を多々頂きました。またマラウイやケニアにも連れていって下さり、研究者として基礎を培うことが出来ました。フィールドワークの手法を学ばせて頂いただけでなく、フィールドに向き合う姿勢や考え方を勉強させて頂きました。

坂上勝基　さかうえ かつき

①神戸大学大学院国際協力研究科・准教授
②"Updates on private returns to education in Uganda: Evidence from universal primary education policy", *Education Economics*, 32(5), 632-648（共著、2024年）、『SDGs時代にみる教育の普遍化と格差——各国の事例と国際比較から読み解く——』（共編著、明石書店、2023年）
③澤村信英先生との思い出は、学振特別研究員（PD）として大阪大学に在籍して、先生のゼミで「暮らした」ポスドクの3年間に詰まっています。先生の研究室で、次から次へと出てくる柑橘系の果物やお菓子をつまみながら、真剣な研究の打ち合わせと「よもやま話」をさせていただいた時間が懐かしく、また訪れるのがいつも楽しみでした。

坂口真康　さかぐち まさやす

① 大阪大学大学院人間科学研究科・准教授

② *Partnership Between Universities in Japan and South Africa*（分担執筆、UJ Press, 2024年）、『「共生社会」と教育――南アフリカ共和国の学校における取り組みが示す可能性――』（単著、春風社、2021年）

③ 澤村先生とは、編者も務められた『アフリカの開発と教育――人間の安全保障をめざす国際協力――』（2003年、明石書店）で執筆された南アフリカ共和国の章を通じて、15年ほど前に一方的に出あわせていただいたのが一番初めでした。その後、共同研究のみならず、同じ職場で働き、出張先で寝食をご一緒させていただけたことはとても光栄な経験であり、一生の宝物です。

澤村信英　さわむら のぶひで

① 大阪大学大学院人間科学研究科・教授

② 『SDGs時代にみる教育の普遍化と格差――各国の事例と国際比較から読み解く』（共編著、明石書店、2023年）、『世界の学校――グローバル化する教育と学校生活のリアル』（分担執筆、学事出版、2023年）。

③ 広島大学から2009年に着任し、大阪大学で15年半を過ごしました。大学で研究らしきものを始めたのが30代後半からで、長くはない教員生活でしたが、先達の先生方や研究仲間との楽しい交流が思い出されます。特に大阪大学のゼミで、大学院生などから多くの知的刺激をもらいながら一緒に研究ができたのは、とても楽しいことでした。

白川千尋《しらかわ ちひろ》

①大阪大学大学院人間科学研究科・教授

②「国際医療協力の現場における医療者と文化人類学者の協働」『文化人類学研究』23号、99-111頁（単著、2022年）、『南太平洋の伝統医療とむきあう——マラリア対策の現場から——』（単著、臨川書店、2015年）。

③澤村先生とは、阪大人間科学研究科に共生学系が新設され、私がその兼任教員となった2016年度から9年間にわたって、主に国際協力学ゼミ（ICゼミ）でご一緒しました。ゼミでの学生の発表に対する先生の常に率直であたたかいコメントから、学生への向き合い方や教育者としてのあり方について多くを学ばせていただきました。有り難うございました！

杉田映理《すぎた えり》

①大阪大学大学院人間科学研究科・教授

②『国際協力を学ぶ人のために』（共編著、世界思想社、2024年）、『月経の人類学——女子生徒の「生理」と開発支援——』（共編著、世界思想社、2022年）

③澤村先生とは、実は私がJICAの新入職員だったときに、JICAでの出逢いが最初でした。それから長い月日を経て、私が大阪大学に着任した2017年から人間科学研究科国際協力学ゼミ（ICゼミ）でご一緒しました。学生を共同指導する、という名目ながら、私自身が澤村先生から学べる機会を毎週得ることができたのは大変な幸運でした。これまで、先生のお人柄に支えられての私の阪大人生だったと、改めて感謝しています。

羅 方舟《らほうしゅう》

①厦門（アモイ）市教育科学研究院・研究員

②『SDGs時代にみる教育の普遍化と格差――各国の事例と国際比較から読み解く――』（分担執筆、明石書店、2023年）、「日本におけるアフリカ人留学生受け入れ状況と課題――北海道と関東地方の国立大学を事例に――」『共生学ジャーナル』8号、70-91頁（単著、2024年）。

③2019年、澤村先生に初めてのフィールド調査（中国の厦門大学）へ同行していただき、調査や論文の構成などの助言をいただきました。博士後期課程では、先生の全面的なサポートにより、コロナ禍でも中国とガーナでの調査を行うことができました。どんな状況でも前向きなアドバイスをしてくださった先生は、研究上の指導教員だけでなく、人生の恩師に違いありません。

ラスルナイヴ、アンドリアマナシナルズニアイナ Rasolonaivo, Andriamanasina Rojoniaina

①大阪大学大学院人間科学研究科・特任研究員

②"School Practices and Students' Perceptions of Citizenship Education in Madagascar." *Compare: A Journal of Comparative and International Education*, doi:10.1080/03057925.2024.2393114（単著、2024年）、『コロナ禍に世界の学校はどう向き合ったのか――子ども・保護者・学校・教育行政に迫る――』（分担執筆、共著、東洋館出版社、2022年）

③澤村先生は授業でサファリの写真を用い、「シマウマはライオンほど珍しくないが、見る角度次第で新たな発見がある」と、見慣れたものを新たな視点から捉える重要性を例えていました。グローバル・シチズンシップ教育の研究を始めた際、マダガスカル語の視点から調べることを助言いただき、これまで身近すぎると感じていたマダガスカル文化を中心に研究を進めています。

「途上国」から問う教育のかたち

――国際協力を歩く、フィールドの声を聴く――

二〇二五年二月十四日　第一刷発行

編著者　小川未空・杉田映理・澤村信英

発行者　小柳学

発行所　株式会社左右社
東京都渋谷区千駄ヶ谷三-五五-一二
ヴィラパルテノンB1
Tel. 〇三-五七八六-六〇三〇
Fax. 〇三-五七八六-六〇三二
https://www.sayusha.com

装幀　松田行正＋山内雅貴

コーディネート　カンナ社

印刷所　創栄図書印刷株式会社

printed in Japan. ISBN978-4-86528-453-9